# 추론 문해력

## 4단계

**추론 문해력 4단계**

초등 국어 수학 사회 과학과 연계하여 추론 능력을 키워 준다

초판 발행일 2025년 12월 12일
2쇄 발행일 2026년 1월 23일

지은이 이형래
펴낸곳 국수

등록번호 제2018-000158호
주소 경기도 고양시 일산동구 진밭로 36-124
전화 (031) 908-9293
팩스 (031) 8056-9294
전자우편 songwriter@kuksu.kr



ISBN 979-11-90499-78-1 04000
ISBN 979-11-90499-74-3 (세트)

책값은 뒤표지에 쓰여 있습니다.

이 책에 사용한 이미지는 대부분 Freepik에서 제공 받았습니다.

# 추론 문해력

초등 국어 수학 사회 과학과
연계하여 추론 능력을 키워 준다

## 4단계

이형래 지음

국수

## '추론 문해력'으로 공부 근육을 키워요

'추론'이란 무엇일까요? 추론은 얼핏 보면 눈에 띄지 않는 의미를 알아차리는 능력이에요. 예컨대, 이런 문장이 있어요. 우산을 펼쳤다. 빗방울이 후드득 내리쳤다. 이 짧은 두 문장에는 '펼친 우산에 빗방울이 떨어졌다.'라는 사실보다 더 자세한 정보가 담겨 있어요. 그것은 '후드득'이라는 낱말에서 '빗방울'이 '굵은' 빗방울이었음을 나타내고 있다는 것이에요. '굵은'은 문장에는 드러나지 않았지만, '내리쳤다'라는 표현에서 방금 비가 쏟아져 내리기 시작했음을 우리는 추론할 수 있어요. 이처럼 추론은 글의 '겉'을 읽으며 '속'까지 파악하는 능력이며, 그럼으로써 글의 의미를 발견하는 사고 활동이에요.

추론 능력이 뛰어난 독자는 글을 읽는 것을 넘어, 글쓴이의 생각까지 깊게 파악해요. 그래서 추론 문해력은 생략된 내용은 물론이고, 글에 직접 나타나 있지 않은 글쓴이의 집필 의도와 목적, 글 읽기에 필요한 배경 지식까지 예측하며 글의 의미를 확장해 가는 활동이에요. 그러한 추론 문해력은 저절로 생겨나지 않아요. 다양한 글을 읽고 쓰는 과정을 통해 추론하는 사고 훈련을 꾸준히 거쳐야만 그 능력이 자라는 거예요.

추론 문해력은 근육 같아요. 그 근육은 오래, 깊게 공부하기 위해 꼭 필요한 공부 근육이에요. 근육이 체력을 만들 듯, 추론 문해력은 공부 능력을 만들어요. 영양의 균형을 갖춘 음식을 먹고 꾸준히 운동해야 더욱 건강해지듯이, 추론 문해력을 갖추어 공부를 해야 바라는 성과도 올릴 수 있어요.

4권으로 구성된 '추론 문해력 시리즈'의 넷째 단계인 이 책은 어린이 독자가 학교 공부와 연계하여 추론 능력을 자연스레 기를 수 있도록 초등학교 중학년 국어·수학·사회·과학 교과의 핵심 내용을 글감으로 만들었어요. 자녀의 건강을 생각하며 부모께서 정성껏 만드신 집밥 같은 글감을 최고의 문해력 교육 전문가가 직접 썼어요. 추론 문해력 식단으로는 영양 만점이라고 자부할 만한 이 책으로 추론 능력을 튼튼하게 길러 보세요.

2025년 마지막 달에

문해력 교육 전문가 이형래

# 이 책의 구성

## 지문

여러 낱말이나 짧은 글로 이루어진 지문입니다. 이 지문은 아래의 문제에서 쓰일 추론의 재료입니다.

## 문제

위의 지문에 대한 사지선다형 문제입니다. 알맞게 추론한 문장을 독자가 고르도록 출제되었습니다.

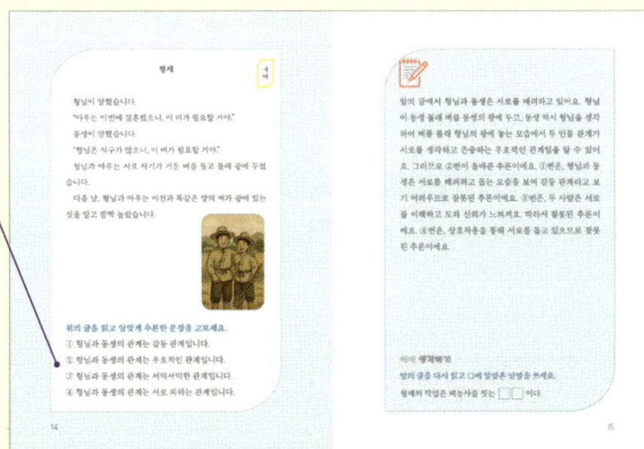

## 해설

앞쪽의 문제에 대한 해설입니다. 선지(선택 항목)마다 알맞거나 알맞지 않은 까닭을 풀어 설명하여 정답을 밝혔습니다.

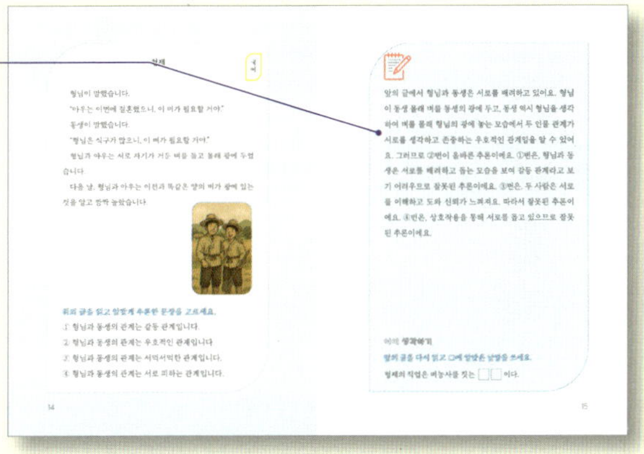

## 이어 생각하기

앞쪽 문제의 주제에서 비롯된 짧은 새 문제입니다. 정답이 있는 문제도 있고, 자유롭게 대답해도 되는 문제도 있습니다. 이 책 맨 뒤의 [이어 생각하기 예시 답]에서 알맞은 답을 확인할 수 있습니다.

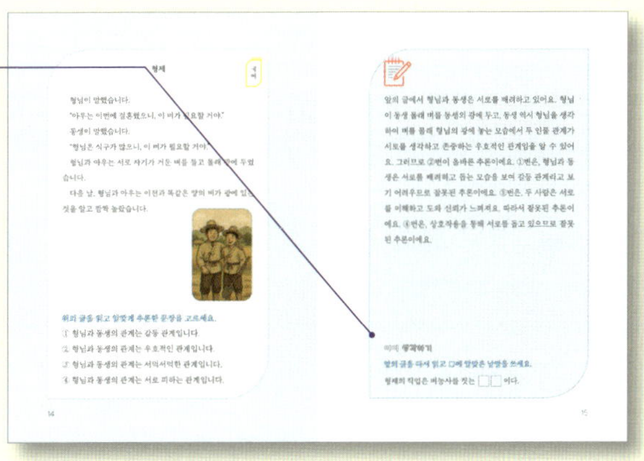

# 차례

# 차례

## 형제

국어

형님이 말했습니다.

"아우는 이번에 결혼했으니, 이 벼가 필요할 거야."

동생이 말했습니다.

"형님은 식구가 많으니, 이 벼가 필요할 거야."

형님과 아우는 서로 자기가 거둔 벼를 들고 몰래 광에 두었습니다.

다음 날, 형님과 아우는 이전과 똑같은 양의 벼가 광에 있는 것을 알고 깜짝 놀랐습니다.

위의 글을 읽고 알맞게 추론한 문장을 고르세요.

① 형님과 동생의 관계는 갈등 관계입니다.

② 형님과 동생의 관계는 우호적인 관계입니다.

③ 형님과 동생의 관계는 서먹서먹한 관계입니다.

④ 형님과 동생의 관계는 서로 피하는 관계입니다.

앞의 글에서 형님과 동생은 서로를 배려하고 있어요. 형님이 동생 몰래 벼를 동생의 광에 두고, 동생 역시 형님을 생각하여 벼를 몰래 형님의 광에 놓는 모습에서 두 인물 관계가 서로를 생각하고 존중하는 우호적인 관계임을 알 수 있어요. 그러므로 ②번이 올바른 추론이에요. ①번은, 형님과 동생은 서로를 배려하고 돕는 모습을 보여 갈등 관계라고 보기 어려우므로 잘못된 추론이에요. ③번은, 두 사람은 서로를 이해하고 도와 신뢰가 느껴져요. 따라서 잘못된 추론이에요. ④번은, 상호작용을 통해 서로를 돕고 있으므로 잘못된 추론이에요.

이어 **생각하기**

앞의 글을 다시 읽고 □에 알맞은 낱말을 쓰세요.

형제의 직업은 벼농사를 짓는 □□이다.

사회

## 방위

방위는 공간의 어떤 점이나 방향이 한 기준의 방향에 대하여 나타내는 어떠한 쪽의 위치를 말한다. 동서남북의 네 방향을 기준으로 하여 4방위, 8방위, 16방위, 32방위로 나눈다. 할머니 댁은 우리 집을 기준으로 북동쪽에 있다. 그렇다면 우리 집은 어디에 있을까?

위의 글을 읽고 알맞게 추론한 문장을 고르세요.

① 할머니 댁을 기준으로 우리 집은 동남쪽에 있습니다.

② 할머니 댁을 기준으로 우리 집은 남서쪽에 있습니다.

③ 할머니 댁을 기준으로 우리 집은 동북쪽에 있습니다.

④ 할머니 댁을 기준으로 우리 집은 북서쪽에 있습니다.

할머니 댁이 우리 집을 기준으로 북동쪽에 위치한다는 것은, 우리 집에서 바라봤을 때 할머니 댁이 북동쪽에 있다는 것을 의미해요. 방위에서 북동쪽의 반대 방향은 남서쪽이에요 그러므로 ②번이 올바른 추론이에요. ①번은, 동남쪽은 북동쪽의 오른쪽이므로 잘못된 추론이에요. ③번은, 동북쪽은 할머니 댁의 위치이므로 잘못된 추론이에요. ④번은, 북서쪽은 북동쪽의 왼쪽이므로 잘못된 추론이에요.

이어 **생각하기**

물음에 알맞은 방향에 밑줄 치세요.

거실 발코니의 방향이 정남향인 아파트를 임대하려고 합니다. 그런 아파트는 지도에서 거실 발코니가 어느 방향을 향해 있을까요?

왼쪽

오른쪽

위쪽

아래쪽

## 10000

1000이 10개인 수를 10000, 또는 1만이라고 쓰고, 만 또는 일만이라고 읽는다. 10000은 9000보다 1000만큼 더 큰 수이며, 9900보다 100만큼 더 큰 수이다. 10000은 9990보다 10만큼 더 큰 수이며, 9999보다 1만큼 더 큰 수이다. 1의 10배가 10이 되고, 10의 10배가 100이 되고, 100의 10배가 1000이 되고, 1000의 10배가 10000이 된다.

위의 글을 읽고 알맞게 추론한 문장을 고르세요.

① 1원짜리 동전이 십만 개 있으면 10,000원입니다.

② 10원짜리 동전이 일만 개 있으면 10,000원입니다.

③ 100원짜리 동전이 일천 개 있으면 10,000원입니다.

④ 1000원짜리 지폐가 열 장 있으면 10,000원입니다.

1,000원짜리 지폐 10장을 계산하면 정확히 10,000원이 되므로, '1000이 10개인 수를 10000이라고 읽는다'라는 설명에 들어맞아요. 그러므로 ④번이 올바른 추론이에요. ①번은, 1원짜리 동전 십만 개는 100,000원이므로 잘못된 추론이에요. ②번은, 10원짜리 동전 일만 개는 100,000원이므로 이 문장도 잘못된 추론이에요. ③번은, 100원짜리 동전 일천 개는 100,000원이므로 잘못된 추론이에요.

이어 **생각하기**

100,000원을 우리나라 동전으로 바꿀 때, 바꾼 동전의 수를 가장 적게 하려면 얼마짜리 동전이 몇 개가 될까요? 알맞은 수를 (  )에 쓰세요.

(        )원짜리 동전 (        )개

## 과학실



과학실에서는 과학자처럼 관찰할 수 있다. 식용 구연산을 만지면 까끌까끌한 느낌이 든다. 식용 소다를 유리컵에 넣고 관찰하면 유리컵의 바닥에 가라앉는 것을 볼 수 있다. 식용 소다가 들어 있는 유리컵에 식용 구연산을 넣으면 '쉭' 하는 소리와 함께 거품이 발생한다. 시간이 지나면서 거품의 높이가 점점 낮아지며 식용 소다와 식용 구연산이 용해된 탄산수의 빛깔도 다시 투명해진다.

위의 글을 읽고 알맞게 추론한 문장을 고르세요.

① 구연산과 식용 소다는 물에 녹습니다.

② 사용한 감각 기관은 귀, 눈, 혀, 피부입니다.

③ 유리컵에서 변화가 일어나기 이전의 내용입니다.

④ 식용 구연산을 더 넣으면 거품이 더 발생한다는 예상은 관찰 결과입니다.

앞글의 마지막 문장에 있는 "식용 소다와 식용 구연산이 용해된 탄산수의 빛깔도 다시 투명해진다."라는 내용을 바탕으로 추론할 수 있어요. '용해되다'는 '녹게 되다'라는 뜻이에요. 그러므로 ①번이 올바른 추론이에요. ②번은, 글에서는 귀, 눈, 피부를 감각 기관으로 사용했지만, 냄새를 맡는 코나 맛을 보는 혀를 사용하지 않았으므로 잘못된 추론이에요. ③번은, 글의 주요 내용은 실험과 관찰의 결과에 중점을 두고 있으므로 잘못된 추론이에요. ④번은, 식용 구연산을 더 넣으면 거품이 더 발생한다고 예측하지만, 이것은 관찰을 통한 예측으로, 그 자체는 관찰이 아니므로, 잘못된 추론이에요.

이어 **생각하기**

탄산수의 양을 정확하게 측정하려면 어떤 관찰 도구가 필요한가요? 적절한 관찰 도구에 모두 밑줄 치세요.

시험관

비커

눈금실린더

스포이트

국어

## 질그릇과 오지그릇

질그릇과 오지그릇을 통틀어 숨 쉬는 그릇, 옹기라고 부른다. 질그릇은 잿물을 덮지 않고 진흙만으로 구워 만든 그릇으로 겉면에 윤기가 없다. 오지그릇은 붉은 진흙으로 만들어 볕에 말리거나 약간 구운 다음에 오짓물을 입혀 다시 구운 그릇을 말한다. 오지그릇은 검붉은 윤이 나고 단단하다. 오지그릇은 방수성이 질그릇보다 뛰어나 예전에는 장독이나 물독으로 썼다.

위의 글을 읽고 질문으로 알맞게 추론한 문장을 고르세요.

① 질그릇은 오지그릇보다 더 단단하겠지?

② 질그릇보다 오지그릇을 더 빨리 만들겠지?

③ 오지그릇은 질그릇보다 표면이 더 거칠겠지?

④ 오지그릇의 공기구멍이 질그릇의 공기구멍보다 작겠지?

앞의 글에서 오지그릇을 숨 쉬는 그릇, 옹기라고 했어요. 그릇이 숨을 쉬려면 그릇에 눈이 보이지 않는 공기구멍이 있다고 추론할 수 있어요. 오지그릇은 오짓물을 발라 굽기 때문에 공기구멍이 질그릇의 공기구멍보다 작다는 추론이 타당해요. 그러므로 ④번이 올바른 추론이에요. ①번은, 오지그릇은 "검붉은 윤이 나고 단단하다."라는 설명이 있어, 질그릇보다 더 단단할 가능성이 높으므로 잘못된 추론이에요. ②번은, 오지그릇 제작 과정은 추가적인 오짓물 입히기와 구워야 하는 단계가 포함되어 있어서 질그릇보다 더 오랜 시간이 걸릴 수 있으므로 잘못된 추론이에요. ③번은, 오지그릇의 표면은 오짓물에 의해 다듬어져 상대적으로 매끄러우므로 잘못된 추론이에요.

### 이어 생각하기

옹기를 숨 쉬는 그릇으로 만든 까닭으로 적절하지 않은 설명에 밑줄 치세요.

된장, 고추장 같은 발효 음식을 보관하기 좋기 때문이다.

습도 조절이 가능하기 때문이다.

그릇을 크게 만들 수 있기 때문이다.

## 지도를 보면

사회

지도를 보면 오른쪽 맨 위에는 방위표가 있고, 왼쪽 맨 아랫부분에는 범례가 있다. 범례에는 지도에 쓰인 기호와 그 의미가 있다. 오른쪽 맨 아랫부분에는 막대자 모양의 짧은 선과 숫자 0과 1, 숫자 0과 5, 숫자 0과 100, 숫자 0과 500, 숫자 0과 1000 등과 m, km 따위도 있다. 이런 막대자 모양을 '축척 막대자'라고 부른다.

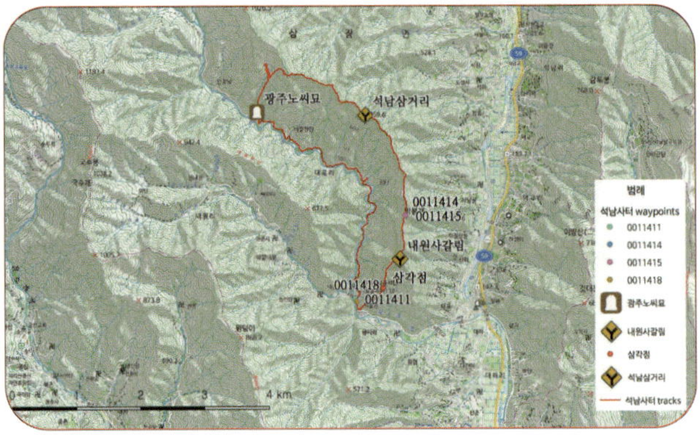


위의 글을 읽고 알맞게 추론한 문장을 고르세요.

① 지도의 방위표는 범례입니다.

② 지도의 범례를 보면 방위를 알 수 있습니다.

③ '축척 막대자'에 적힌 숫자 뒤에는 반드시 m가 붙습니다.

④ '축척 막대자'를 보면 지도 위의 두 지점 간의 거리를 알 수 있습니다.

앞의 글에서는 '축척 막대자'에 숫자와 함께 m, km 같은 단위가 표시되어 있다고 설명했어요. 이 막대를 이용하면 지도 위의 두 지점 사이의 실제 거리를 계산할 수 있어요. 그러므로 ④번이 올바른 추론이에요. ①번은, 지도에 방위표와 범례가 있지만 서로 다른 요소예요. 따라서 잘못된 추론이에요. ②번은, 방위는 방위표를 통해 확인하는 것이고, 범례는 지도 기호의 뜻을 설명하므로 잘못된 추론이에요. ③번은, m뿐만 아니라 km도 있다고 설명해서 반드시 m가 붙는다는 표현은 잘못된 추론이에요.

이어 **생각하기**

( )에 알맞은 공통 낱말을 쓰세요.

지도에서의 거리와 지표에서의 실제 거리와의 비율을 ( ), 또는 '줄인자'라고 부른다. ( ) 막대자는 축척을 쉽게 이용하게 한다.

## 통계

수학

월드오미터 통계에 따르면, 2025년 4월 22일 오후 1시 30분 기준으로 세계 인구는 약 8218597000명이다. 4월 22일 0시부터 오후 1시 30분까지 발송된 이메일은 약 178630000000개이며, 2025년 1월 1일부터 2025년 4월 22일까지 판매된 컴퓨터 수는 약 107776000대, 생산된 자전거 수는 약 42684000대, 생산된 자동차 수는 20705000대이다.

위의 글을 읽고 알맞게 추론한 문장을 고르세요.

① 2025년 4월 22일 기준, 세계 인구는 80억 명을 넘었습니다.

② 2025년 4월 22일 기준, 하루 동안 평균 약 1780억 개의 이메일이 발송됩니다.

③ 2025년 1월부터 4월까지, 한 달에 약 20000000대 이상의 자전거가 생산되었습니다.

④ 2025년 1월 1일부터 4월 22일 사이에 총 1억 대 이상의 자동차가 생산되었습니다.

앞의 글에서 세계 인구가 약 82억 명이라고 했으므로, 세계 인구가 80억 명을 넘었다는 추론은 정확해요. 그러므로 ①번이 올바른 추론이에요. ②번은, 글에서는 4월 22일 0시부터 오후 1시 30분까지 발송된 이메일의 수가 178630000000개라고 했지만, 이 수치는 하루 동안의 발송량이 아니므로 잘못된 추론이에요. ③번은, 2025년 1월 1일부터 4월 22일까지의 자전거 총생산량은 42684000대예요. 이를 계산하면 한 달에 약 10671000대밖에 생산되지 않았으므로 잘못된 추론이에요. ④번은, 글에 따르면 2025년 1월 1일부터 2025년 4월 22일까지 생산된 자동차 수는 20705000대로, 1억 대 이상의 자동차가 생산되지 않았으므로 잘못된 추론이에요.

이어 **생각하기**

(　　)에 알맞은 수를 쓰세요.

하루에 태어나는 전 세계 인구수가 약 360000명이라면 1년에 약 (　　　　　　　　　　)명이 태어나는 셈이다.

## 지렛대의 원리

과학

지렛대의 원리를 이용하면 작은 힘으로 큰 힘을 낼 수 있다. '받침점'은 지렛대가 받쳐주는 고정된 지점이고, '힘점'은 지렛대에 힘을 주는 지점이며, '작용점'은 지렛대가 물체에 힘을 미치는 지점이다. 지렛대의 원리는 '힘점의 힘×힘점과 받침점 사이의 거리=작용점에 작용하는 힘×작용점과 받침점 사이의 거리'로 나타낸다.

위의 글을 읽고 알맞게 추론한 문장을 고르세요.

① 힘점과 받침점 사이의 거리가 작용점과 받침점 사이의 거리보다 길수록 작용점의 힘이 커집니다.

② 힘점과 받침점 사이의 거리가 작용점과 받침점 사이의 거리보다 짧을수록 작용점의 힘이 커집니다.

③ 작용점과 받침점 사이의 거리가 힘점과 받침점 사이의 거리보다 길수록 힘점의 힘이 작아집니다.

④ 작용점과 받침점 사이의 거리가 힘점과 받침점 사이의 거리보다 짧을수록 힘점의 힘이 커집니다.

지렛대의 원리는 "힘점의 힘×힘점과 받침점 사이 거리=작용점의 힘×작용점과 받침점 사이 거리"이므로, 힘점과 받침점 사이의 거리가 길수록 작용점의 힘이 세져요. 그러므로 ①번이 올바른 추론이에요. ②번은, ①번과 반대되는 설명으로, 잘못된 추론이에요. ③번은, 작용점과 받침점 사이의 거리가 늘어나면 힘점의 힘이 커져야 등식이 성립하므로, 잘못된 추론이에요. ④번은, 작용점과 받침점 사이의 거리가 짧아지면 힘점의 힘은 작아져야 등식이 성립하므로, 잘못된 추론이에요.

이어 **생각하기**

어린이 놀이터에는 지렛대의 원리를 잘 나타내는 놀이기구가 있습니다. 그것은 무엇일까요? □에 쓰세요.

□□

## 블루 카본

과학

블루 카본(blue carbon)은 해양 생태계가 탄소를 흡수한 것을 말해요. 해초(sea grass), 염습지(salt marsh), 맹그로브(mangrove) 숲은 대표적인 블루 카본이에요. 블루 카본은 공기 중의 이산화탄소를 흡수해서 뿌리와 흙 속에 저장해 줘요. 그래서 지구가 더워지는 걸 막아주는 지구 생태계의 구원 투수라고 불려요. 우리도 블루 카본과 함께 이 멋진 지구를 함께 지켜요.

위의 글을 읽고 알맞게 추론한 것을 고르세요.

① 블루 카본은 이산화탄소입니다.

② 글쓴이는 거짓 정보를 제시했습니다.

③ 흙에 탄소를 저장할 수 없습니다.

④ 바다에 사는 식물들은 탄소를 흡수합니다.

앞의 글에서 언급한 '해초', '염습지', '맹그로브'는 광합성 작용으로 이산화탄소를 흡수해서 잎, 줄기, 뿌리와 흙 속에 탄소를 저장해요. 식물이 죽어 땅에 묻히면 탄소도 함께 땅에 묻히게 돼요. 따라서 이 식물들이 탄소를 흡수한다고 말할 수 있어요. 그러므로 ④번이 올바른 추론이에요. ①번은, 블루 카본은 이산화탄소 그 자체가 아니라, 바닷속 식물들이 흡수해서 저장한 탄소를 말하므로 잘못된 추론이에요. ②번은, 글쓴이가 쓴 내용은 과학적으로 타당한 정보이기 때문에 잘못된 추론이에요. ③번은, 흙에도 탄소를 저장할 수 있으므로 잘못된 추론이에요.

이어 **생각하기**

블루 카본의 상대어로, 육상 생태계인 숲, 식물 등이 흡수하는 탄소를 의미하는 낱말을 (　　)에 쓰세요.

(　　　　　　　　)

사회

# 등고선

등고선은 지도에서 해발 고도가 같은 지점을 연결한 곡선이에요. 해발 고도는 0미터인 평균 해수면을 기준으로 하여 수직으로 잰 어떤 지점의 높이를 말해요. 등고선은 평면도에 땅의 높고 낮음을 표시하는 가장 좋은 방법이에요. 등고선을 잘 보면, 산의 기복과 경사를 알 수 있어요.

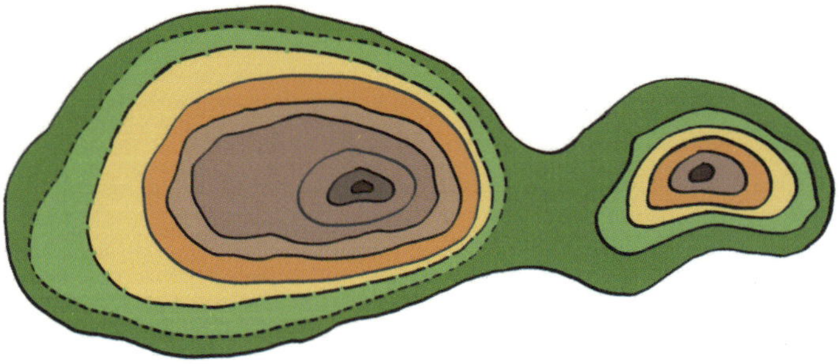


위의 글과 그림을 읽고 알맞게 추론한 문장을 고르세요.

① 등고선을 보면 산의 길을 알 수 있습니다.

② 등고선이 촘촘하면 경사가 가파르다는 뜻입니다.

③ 등고선을 보면 바닷물의 깊이를 알 수 있습니다.

④ A에서 오르는 것보다 B에서 오르는 것이 덜 힘듭니다.

산의 ‘기복’은 땅의 생긴 모양이나 형세가 높아졌다 낮아졌다 하는 것이고, ‘경사’는 비스듬히 기울어진 것을 말해요. 등고선이 촘촘하면 짧은 거리에서 높이가 많이 변한다는 뜻으로 경사가 급하다는 말이에요. 그러므로 ②번이 올바른 추론이에요. ①번은, 등고선은 높이의 변화를 나타내는 선이지, 길이나 등산로 위치를 알려주지는 않으므로 잘못된 추론이에요. ③번은, 물의 깊이를 나타내는 선은 ‘수심선’이라고 하므로 잘못된 추론이에요. ④번은, A 위치가 B 위치보다 완만해 경사가 급하지 않으므로 잘못된 추론이에요.

이어 **생각하기**

지도에서 등고선의 쓸모로 알맞지 않은 문장에 밑줄 치세요.

등고선은 지형의 높이를 알기 쉽게 표현해 준다.

등고선은 땅의 기복과 경사의 형태를 알 수 있게 해 준다.

등고선은 복잡한 지형을 효과적으로 축적해 준다.

등고선은 지형의 실제 모습을 알기 쉽게 재현해 준다.

## 시야각

수학

시야각은 눈으로 볼 수 있는 각도로, 가시각이라고도 한다. 동물 중에서 앙골라 토끼는 약 355°의 시야각을 가지고 있다. 소는 330°, 새는 300°, 양은 270°, 개는 250°, 인간은 약 200°의 시야각을 가지고 있다. 시야각이 넓으면 주변의 대상을 한눈에 쉽게 볼 수 있다. 땅에서 사는 동물들은 시야각이 넓어야 자신의 뒤에서 나타나는 포식자를 경계할 수 있다. 올빼미는 시야각이 약 110°이지만 목뼈가 발달해서 270°까지 회전시킬 수 있다.

위의 글을 읽고 알맞게 추론한 문장을 고르세요.

① 올빼미의 시야각은 예각입니다.

② 양의 시야각은 직각의 2배입니다.

③ 인간의 한쪽 눈의 시야각은 둔각입니다.

④ 소의 시야각이 동물 중에서 가장 큽니다.

인간의 시야각은 약 200°라고 했어요. 양쪽 눈을 기준으로 200°를 반으로 나누면 약 100°씩 볼 수 있어요. 인간의 한쪽 눈의 시야각은 약 150°예요. 100°는 90°보다 크고 180°보다 작은 각인 둔각에 해당해요. 그러므로 ③번이 올바른 추론이에요. ①번은, 올빼미 시야각은 약 110°로, 90°보다 크기 때문에 예각이 아니라 둔각이므로 잘못된 추론이에요. ②번은, 직각은 90°이므로 직각의 2배는 180°예요. 양의 시야각은 270°이므로 잘못된 추론이에요. ④번은, 소의 시야각은 330°이고 앙골라 토끼는 355°로, 소보다 더 크므로 잘못된 추론이에요.

### 이어 생각하기

( )에 알맞은 낱말을 쓰세요.

( ) 동물은 시야각이 넓은 편이고, ( ) 동물은 시야각이 좁은 편이다. ( ) 동물은 주변을 넓게 봐야 빨리 도망칠 수 있고, ( ) 동물은 정면을 정확히 보고 사냥해야 하기 때문이다.

## 해수 담수화

과학

해수 담수화는 바닷물의 염분을 제거하여 민물로 만드는 일을 말한다. 바닷물을 취수하여 높은 온도에서 해수를 가열하면 수증기가 생긴다. 이 수증기를 모아 온도를 낮추거나 압축하면 일상생활에 쓸 수 있는 생활용수를 만들 수 있고 공업 제품의 생산 과정에서 냉각, 제품 처리 따위에 쓰는 공업용수로 사용할 수 있는 담수를 얻을 수 있다.

위의 글을 읽고 알맞게 추론한 문장을 고르세요.

① 해수와 민물과 담수는 모두 짠맛이 납니다.

② 해수가 기체 상태가 되면 담수와 민물이 됩니다.

③ 해수 담수화 시설은 오염된 호수 지역에 설치합니다.

④ 해수 담수화 과정에는 가열, 증발, 응결 과정이 필요합니다.

앞의 글에서 해수인 바닷물을 가열해 기체인 수증기를 만들고, 이를 온도를 낮추거나 압축해서 다시 담수로 만든다고 했어요. 이 과정을 과학적으로 말하면, '가열 → 증발 → 응결'이에요. 그러므로 ④번은 올바른 추론이에요. ①번은, 민물은 소금기가 거의 없어 짠맛이 나지 않으므로 잘못된 추론이에요. ②번은, 수증기는 담수가 아니며, 기체를 냉각해서 액체가 되어야 담수가 되므로 잘못된 추론이에요. ③번은, 해수 담수화는 바닷물인 해수를 처리하는 시설이고, 호수는 담수 지역이므로 잘못된 추론이에요.

이어 **생각하기**

해수 담수화가 필요한 우선순위에서 먼 지역에 밑줄 치세요.

섬 지역

사막 지역

산간 지역

공업 단지 지역

## 궁능원



궁능원 관람객의 수가 매년 증가하고 있다. 유료 관람객의 수는 2020년 대비 약 2.5배가 늘었고, 무료 관람객의 수는 약 3배가 늘었다. 관람객의 수가 늘어나기 때문에 궁능원의 시설을 유지하고 보수하는 데 드는 예산도 늘어날 수밖에 없다.

위의 글을 읽고 알맞게 추론한 문장을 고르세요.

① 궁능원은 임금이 살았던 4대 궁인 경복궁, 덕수궁, 창덕궁, 창경궁을 의미합니다.

② 관람객 증가에 대한 기준 연도가 없어 몇 년도 자료인지 판단하기 어렵습니다.

③ 무료 관람자가 내지 않는 입장료만큼 관람료를 인상해야 합니다.

④ 국가유산인 궁능원을 보전하기 위해서는 휴관일을 더 늘여야 합니다.

앞의 글에서는 “2020년 대비 약 2.5배가 늘었고”라고 되어 있고, 현재 시점이 명확히 제시되지 않았기 때문에, 독자는 ‘몇 년도의 자료인지 판단하기 어렵다’라고 추론할 수 있어요. 그러므로 글의 정보 부족을 정확하게 짚은 ②번은 올바른 추론이에요. ①번은, 궁능원은 4대 궁만을 의미하지 않아요. 궁은 왕이 살던 곳, 능은 왕과 왕비의 무덤을 뜻하며, 궁능원은 이들을 통틀어 관리하는 전체 국가유산을 뜻하므로 잘못된 추론이에요. ③번은, 무료 관람자는 규정에 따라 입장하므로, 타당하지 않은 주장이어서 잘못된 추론이에요. ④번은, 글에서는 보수 예산 증가는 언급되었지만, 휴관일 확대는 나오시 않았고, 그 방법이 최신이라는 근거가 없으므로 잘못된 추론이에요.

이어 **생각하기**

궁능원을 관리하는 정부 기관에 밑줄 치세요.

국세청

농촌진흥청

국가유산청

산림청

## 강릉시

사회

강릉시는 영동 지방의 중심 도시로서, 남북으로 길게 놓여 있는 백두대간의 동편에 자리하고 있습니다. 강릉은 동해안과 가까워 해양성 기후 특성을 나타냅니다. 이러한 지리적 특성으로 강릉은 같은 위도 선상의 다른 지방에 비해 겨울철은 온난하고, 여름철은 비교적 시원한 편입니다. 또한, 북동 기류가 장시간 유입되면 겨울철은 대설 현상, 여름철은 지속적인 강우와 저온 현상이 나타나기도 합니다.

위의 글을 읽고 알맞게 추론한 문장을 고르세요.

① 강릉시 기온의 연교차*는 작은 편입니다.

② 강릉시에는 매년 여름마다 비가 많이 내립니다.

③ 강릉시는 영서 지역보다 겨울에 기온이 더 낮습니다.

④ 강릉시는 백두대간의 영향으로 기온이 급격히 변합니다.

* 연교차: 1년 동안 측정한 기온, 습도 따위의 최댓값과 최솟값의 차이.

앞의 글에서 강릉시는 해양성 기후 특성을 가진다고 했어요. 해양성 기후는 바다의 영향을 받아 기온의 변화가 적고 습도가 높으며, 구름과 강수량이 많은 편이에요. 따라서 연교차가 작은 편이라는 것을 알 수 있어요. 그러므로 ①번이 올바른 추론이에요. ②번은, 글에서는 '북동 기류가 장시간 유입되면 여름에 강우가 있다.'라고 했기 때문에, 항상 그런 건 아니므로 잘못된 추론이에요. ③번은, 강릉은 동해안 해양성 기후로 겨울에 온난한 편이므로 잘못된 추론이에요. ④번은, 백두대간의 영향은 위치적 설명으로만 나와 있고, '기온이 급격히 변한다'라는 내용이 없으므로 잘못된 추론이에요.

이어 **생각하기**

**강릉시는 영서 지방에 비하여 겨울에 기온이 높은 편입니다. 그 까닭으로 적절한 대답에 밑줄 치세요.**

강릉시는 해발 고도가 바다보다 낮은 분지이기 때문이다.

강릉시는 태백산맥이 차가운 북서풍을 막아주기 때문이다.

강릉시는 따뜻한 남동풍의 영향을 받기 때문이다.

강릉시는 겨울에 눈이 많이 내리기 때문이다.

## 가오리연

수학

가오리연을 만들다가 동생의 연 윗부분이 찢어졌다. 동생이 우는 바람에 내 가오리연을 동생에게 줬다. 나는 찢어진 부분을 가위로 잘라내고 세모 모양의 연을 만들었다. 동생은 나보다 큰 연을 날려서 좋아했다. 신기하게도 내가 만든 세모 연도 잘 날았다. 세모 연의 오른쪽과 왼쪽에 단 꼬리가 바람에 힘차게 흔들렸다. 내 연이 더 높이 올라가자, 동생이 나에게 말했다.

"형, 연 바꿔."

위의 글을 읽고 알맞게 추론한 문장을 고르세요.

① 세모 연의 내각의 합은 360°입니다.

② 가오리연의 내각의 합은 270°입니다.

③ 가오리연의 내각의 합은 세모 연의 내각의 합보다 큽니다.

④ 직각이 4개 있는 모든 종이는 자르지 않고 가오리연을 만들 수 있습니다.

삼각형의 내각의 합은 항상 180°이고, 사각형의 내각의 합은 360°예요. 따라서 사각형 모양인 가오리연의 내각의 합 360°는 세모 연의 내각의 합 180°보다 더 커요. 그러므로 ③번이 올바른 추론이에요. ①번은, 세모 연은 삼각형이어서 내각의 합이 180°이므로 잘못된 추론이에요. ②번은, 사각형의 내각의 합은 항상 360°이므로 잘못된 추론이에요. ④번은, 직각이 4개인 종이는 정사각형이나 직사각형이지만, 직사각형으로는 가오리연을 만들 수가 없으므로 잘못된 추론이에요.

이어 **생각하기**

가오리연 모양의 도형을 무엇이라고 하나요? □에 쓰세요.

□□□□

## 소리굽쇠

과학

소리굽쇠를 나무망치로 두드렸더니 "윙." 하는 소리가 났어요. 이번에는 소리굽쇠를 나무망치로 세게 친 다음에, 소리굽쇠에 붙어 있는 나무상자를 손으로 잡고, 소리굽쇠의 'U' 자형 강철 막대의 구부러진 부분을 물이 들어 있는 수조에 넣었어요. 그랬더니 갑자기 물이 튀면서 "쉭!" 하는 소리를 내며 멈췄어요. 왜 소리굽쇠에 붙어 있는 강철 막대를 물에 넣자마자 소리가 멈추었을까요?

위의 글을 읽고 알맞게 추론한 문장을 고르세요.

① 소리는 물속에서는 더 크게 들립니다.

② 물은 소리굽쇠의 떨림을 멈추게 했습니다.

③ 소리굽쇠는 공기가 없을 때 더 잘 울립니다.

④ 소리굽쇠는 물 밖보다 물에서 더 빠르게 흔들립니다.

소리굽쇠는 떨릴 때 소리를 내요. 반대로 말하면, 소리굽쇠가 소리가 나면 'U' 자형 강철 막대가 떨려요. 강철 막대가 진동할 때 구부러진 부분을 물속에 넣으면 물의 저항력 때문에 떨림(진동)이 멈춰요. 떨림(진동)이 멈추면 소리도 더 이상 나지 않아요. 그러므로 ②번이 올바른 추론이에요. ①번은, 물속에서도 소리가 잘 전달되긴 하지만, 여기서는 물이 소리굽쇠의 떨림(진동)을 멈췄기 때문에 소리가 멈춘 것이지, 더 크게 들린 것은 아니므로 잘못된 추론이에요. ③번은, 오히려 소리는 공기가 있어야 잘 울려요. 진공 상태에서는 소리가 전달되지 않으므로 잘못된 추론이에요. ④번은, 물의 저항 때문에 더 느려지고, 결국에는 바로 멈추게 되므로 잘못된 추론이에요.

이어 **생각하기**

동굴은 암석으로 둘러싸여 있어서 소리의 파동이 쉽게 반사됩니다. 그 현상을 무엇이라고 하나요? □에 쓰세요.

□□□

## 단어 가족

국어

단어도 가족이 있다면, 상위어는 '새'처럼 큰 가족 이름이고, 하위어는 '참새', '비둘기'처럼 그 안에 있는 작은 가족 이름이에요. 상위어는 하위어를 모아서 하나의 큰 가족이 되지요. 반의어는 뜻이 서로 반대인 가족으로, '뜨겁다'와 '차갑다'처럼 완전히 다른 뜻을 가졌어요. 유의어는 서로 비슷한 뜻을 가진 가족이에요. '벗', '친구', '동무', '친우'처럼 말이에요. 단어들이 이렇게 가족처럼 다양한 관계를 맺고 있어서, 우리가 쓰는 말이 더 풍부하고 재미있어져요!

위의 글을 읽고 알맞게 추론한 문장을 고르세요.

① '동물'은 '새'의 상위어입니다.

② '절친'은 '친구'와 비슷한 말입니다.

③ '기쁘다'와 '슬프다'는 유의어 관계입니다.

④ '위'와 '아래'는 상위어와 하위어 관계입니다.

상위어는 항상 상위어만 되는 게 아니에요. 상위어는 때로는 다른 단어의 하위어가 되기도 해요. '참새'의 상위어는 '새'이고, '새'의 상의어는 '동물'이에요. 그러므로 ①번이 올바른 추론이에요. ②번은, '절친'은 '친구'와 비슷한 말로 생각하지만, 그것은 착각이에요. '절친'은 '더할 나위 없이 아주 친한'이란 뜻이에요. 따라서 잘못된 추론이에요. ③번은, '기쁘다'와 '슬프다'는 반의어 관계이므로 잘못된 추론이에요. ④번은, '위'와 '아래'는 상위어, 하위어 관계가 아니라 반의어이므로 잘못된 추론이에요.

이어 **생각하기**

보기의 낱말들로 상위어에서 하위어 순서로 나열하세요.

[보기] 떡갈나무, 나무, 참나무, 식물

## 새만금

사회

'새만금'은 곡창 지대인 만경평야의 '만' 자와 김제 평야의 '금' 자를 합쳐 만든 이름으로, 좋은 땅을 일구겠다는 뜻을 담고 있다. 1987년에 정부가 개발 사업을 발표했고, 1998년에 1호 방조제를 완공했다. 1995년부터 새만금은 생태계, 수질 문제로 인해 논란을 불러일으켰다. 환경 단체와 종교계, 지역 주민들의 시위로 사회적 갈등을 일으켰다. 그러나 2006년 대법원의 판결에 따라 공사를 재개했다. 그리고 33.9km에 달하는 세계 최장의 방조제를 2010년 4월에 준공함으로써 대장정을 시작하게 되었다.

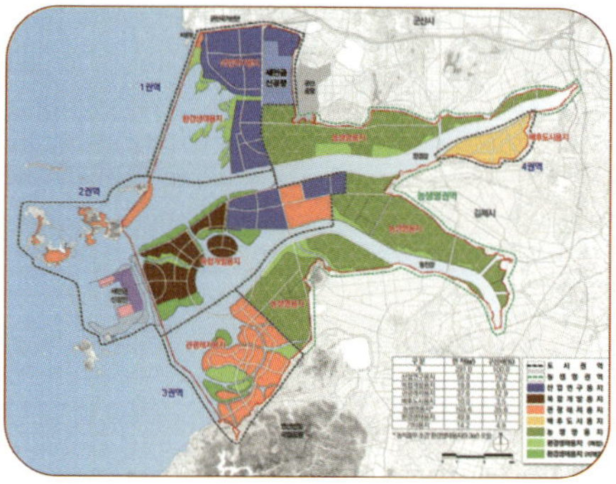

위의 글을 읽고 알맞게 추론한 문장을 고르세요.

① 새만금 방조제의 안쪽은 모두 땅입니다.

② 새만금은 우리나라 행정 구역이 아닙니다.

③ 새만금 개발은 갈등 없이 이루어졌습니다.

④ 새만금은 간척 사업으로 이루어진 곳입니다.

새만금은 방조제를 이용해 바다를 막고 그 안쪽에 다양한 용도의 땅을 만들기 위해 진행되는 간척 사업이에요. 방조제 안에는 아직도 바닷물이 차 있어요. 그러므로 ④번이 올바른 추론이에요. ①번은, 방조제 안쪽에 땅이 있지만 대부분 바닷물이에요. 그래서 생태계와 수질 문제가 생겼어요. 따라서 잘못된 추론이에요. ②번은, 새만금은 전라북도특별자치도에 위치하며, 대한민국의 행정 구역에 포함되므로 잘못된 추론이에요. ③번은, 글에서는 새만금 개발이 환경 단체와 지역 주민들과의 갈등을 불러일으켰다고 설명하고 있으므로 잘못된 추론이에요.

이어 **생각하기**

□에 알맞은 낱말을 쓰세요.

바다나 호수 주위에 둑을 쌓고 그 안의 물을 빼내어 육지나 농경지로 만드는 일을 □□ □□이라고 한다.

## (세 자리 수)÷(몇십)

수학

(세 자리 수)÷(몇십)과 (세 자리 수)÷(두 자리 수)의 셈을 알아보려고 나눗셈 문제를 만들었습니다. 이 문제는 571÷90과 987÷39입니다. 이 문제를 푸는 데 곱셈 식이 필요합니다. 어림하기도 필요합니다. 나눗셈을 잘하려면 나눗셈을 보고 어림하기로 하거나 곱셈 식을 만들면 좋습니다.

위의 글을 읽고 알맞게 추론한 문장을 고르세요.

① 571÷90을 계산할 때, 90×4=360이 꼭 필요합니다.

② 571÷90을 계산할 때, 90×6=540이 꼭 필요합니다.

③ 987÷39를 계산할 때, 40×10=400이 꼭 필요합니다.

④ 987÷39를 계산할 때, 30×20=600이 꼭 필요합니다.

'90×6=540'은 571에 아주 가까운 수예요. '90×7=630'인데, 630은 571보다 크기 때문에 6을 기준으로 삼는 것이 어림하기에 좋아요. 따라서 '90×6=540'을 꼭 알고 있어야 '571÷90'을 빠르고 정확하게 계산할 수 있어요. 그러므로 ②번이 올바른 추론이에요. ①번은, 360은 571과 차이가 커서 나눗셈에 큰 도움이 되지 않으므로 잘못된 추론이에요. ③번은, 987을 39로 나누려면 정확한 어림을 위해서 '40×20=800' 정도를 봐야 하므로 잘못된 추론이에요. ④번은, 30은 39와 수의 차가 크기 때문에 30으로 곱하는 것은 정확한 어림이 아니고, 600도 987과 비교하면 어림값이 부족하므로 잘못된 추론이에요.

이어 **생각하기**

(  )에 알맞은 곱셈 식을 쓰세요.

842÷21을 풀 때는 곱셈 식 (                    )을 먼저 생각할 수 있으며, 719÷80을 풀 때는 곱셈 식 (                    )을 먼저 생각해 볼 수 있다.

## 화성암

과학

화산이 폭발하면 빨갛게 끓는 마그마, 새까만 화산재, 그리고 뜨거운 가스가 나와요. 마그마가 식으면 화성암이 돼요. 화성암은 층이 없고 덩어리 모양이에요. 화성암의 한 종류인 현무암은 검은색 또는 검은 회색을 띠고 기둥 모양인 것이 많으며, 입자가 미세하고 치밀하여 바탕이 단단해요. 또 다른 화성암의 한 종류인 화강암은 흰색 또는 엷은 회색을 띠며, 닦으면 광택이 나는데, 단단하고 아름다워서 건축이나 토목용 재료, 비석 재료로 써요.

위의 글을 읽고 알맞게 추론한 문장을 고르세요.

① 화성암에는 미세한 크기의 물질이 없습니다.

② 여러 가지 화성암은 색깔이 모두 비슷합니다.

③ 현무암은 퇴적 활동으로 이루어진 돌과 비슷합니다.

④ 비석으로 사용하는 화강암은 화산 활동으로 만들어졌습니다.

화강암은 땅속 깊은 곳에서 천천히 식은 마그마로 만들어진 화성암이에요. 글에서는 화강암이 단단하고 아름다워 비석 재료로 쓴다고 했는데, 이는 화산 활동과 관련된 돌이라는 것을 뜻해요. 그러므로 ④번이 올바른 추론이에요. ①번은, 현무암은 입자가 아주 작다고 했기 때문에 미세한 물질이 있으므로 잘못된 추론이에요. ②번은, 현무암은 검은색, 화강암은 흰색이나 옅은 회색이라 색깔이 다르므로 잘못된 추론이에요. ③번은, 현무암은 퇴적 활동이 아니라 화산이 폭발해서 나온 마그마가 식어서 생긴 돌이므로 잘못된 추론이에요.

이어 **생각하기**

(　　)에 알맞은 암석을 쓰세요.

(　　　　　　)은 제주도처럼 화산이 있는 지역에서 쉽게 볼 수 있고, (　　　　　　)은 산이나 건물 벽, 산소 주변에서 많이 볼 수 있다.

## 정보 쓰나미 시대

국어

정보 쓰나미 시대가 열렸다. ㉠이 시대에는 정보의 해일에 휩쓸리지 않도록 ㉡무기를 장착해야 한다. 나의 배경지식과 다른 정보를 만났을 때는 자신에게 질문하기 무기를 써야 한다. 흥미롭고 유익한 정보가 나타났을 때는 열린 마음으로 읽되 정보를 함부로 신뢰해서는 안 된다. 정보의 신뢰성을 판단하기 위해서는 글의 작성자가 누구인지 꼭 확인해야 하며, 그 사람이 해당 분야의 전문가인지, 또 신뢰받는 인물인지 반드시 평가해야 한다. 그리고 민감한 사회적 이슈에 대해 ㉢기울어진 관점, 편견이나 차별적인 관점을 제시하지 않았는지 판단해야 한다.

위의 글을 읽고 알맞게 추론한 문장을 고르세요.

① 재미있는 정보는 읽고 신뢰해도 좋습니다.

② ㉠은 생성형 인공 지능 시대를 가리키는 말입니다.

③ ㉡은 글을 쓰는 방법을 가리키는 말입니다.

④ ㉢은 한쪽으로 치우친 편향된 관점을 말합니다.

기울어진 관점은 한쪽으로 치우친 편향된 관점을 의미하고, 이는 정보를 평가할 때 중요하게 고려해야 할 사항이에요. '편향'은 '한쪽으로 치우침'이라는 뜻이에요. 그러므로 ④번이 올바른 추론이에요. ①번은, 흥미롭고 유익한 정보라도 이 글에서는 신뢰하지 말라고 말하고 있으므로 잘못된 추론이에요. ②번은, '정보 쓰나미 시대'는 정보가 넘치는 정보 과다 시대에 대한 언급으로, 생성형 인공 지능 시대를 직접적으로 가리키지 않으므로 잘못된 추론이에요. ③번은, '무기를 장착한다'라는 표현은, '질문하기'와 같이 정보 신뢰성을 평가하기 위한 전략적 사고를 의미하므로 잘못된 추론이에요.

**이어 생각하기**

앞의 글을 다시 읽고 □에 알맞은 내용을 쓰세요.

자료의 □□□ 와 □□ 를 확인하면 정보의 신뢰성을 평가하는 데 도움이 된다.

## 중심지

사회

중심지는 중심지가 아닌 곳과 차이가 난다. 중심지에는 건물이 많다. 도로도 발달해 있고, 도로에 다니는 사람들도 많다. 차도에는 차들이 많고, 보도에는 사람들이 많다. 중심지에서는 높은 건물, 자동차, 넓은 도로를 쉽게 볼 수 있다. 중심지가 아닌 곳에는 논과 밭이 많다. 주변에는 산과 강이 있고 들판이 펼쳐져 있다. 중심지가 아닌 곳의 건물은 비교적 낮고 도로도 좁다. 그곳에는 오솔길도 많다. 오솔길을 거닐면서 솔향기를 맡으면 휴식처가 되기도 한다.

위의 글을 읽고 알맞게 추론한 문장을 고르세요.

① 중심지에는 사람들의 휴식처가 없습니다.

② 중심지에서는 논과 밭을 쉽게 볼 수 있습니다.

③ 중심지와 중심지가 아닌 곳의 모습을 비교했습니다.

④ 중심지보다 중심지가 아닌 곳의 도로의 폭이 더 넓습니다.

앞의 글은 중심지의 특징(높은 건물, 많은 자동차, 발달한 도로 등)과 중심지가 아닌 곳의 특징(논과 밭, 낮은 건물, 좁은 도로 등)을 비교하고 있어요. 그러므로 ③번이 올바른 추론이에요. ①번은, 오솔길이 휴식처가 될 수 있다고 해서, 중심지에서 휴식처가 존재하지 않는다는 생각은 잘못된 추론이에요. 중심지에는 공원 등의 휴식처가 있어요. ②번은, 글에서는 중심지가 아닌 곳에는 논과 밭이 많다고 설명하였으므로 잘못된 추론이에요. ④번은, 중심지는 넓은 도로가 있는 것이 특징이므로 잘못된 추론이에요.

이어 **생각하기**

중심지에만 있는 것에 모두 밑줄 치세요.

약국

백화점

주유소

가게

대형 종합병원

## 디지털 숫자

디지털 계산기에서 볼 수 있는 숫자 6은 위쪽으로 뒤집으면 9가 됩니다. 숫자 2는 오른쪽으로 뒤집으면 5가 됩니다. 숫자 카드 2692를 시계 방향으로 180°만큼 돌렸을 때 만들어지는 수와 원래의 수와의 차를 구하세요.

위의 글을 읽고 알맞게 추론한 문장을 고르세요.

① 답은 0입니다.

② 답은 3264입니다.

③ 답은 3270입니다.

④ 답은 3273입니다.

앞의 문제에서 2692를 시계 방향으로 180° 돌리면 각 숫자는 2 → 2, 6 → 9, 9 → 6, 2 → 2로 바뀌어요. 따라서, 2692를 돌린 결과는 2692가 돼요. 원래 숫자 2692와의 차를 계산하는 뺄셈 식은 '2692-2692=0'이므로 ①번이 올바른 추론이에요. ②번, ③번, ④번은, 2692와 2692의 차에서 도출된 값이 아니므로 잘못된 추론이에요.

이어 **생각하기**

(　)에 알맞은 낱말을 쓰세요.

글자 '물'을 왼쪽으로 뒤집고, 이어서 위쪽으로 뒤집으면 글자 (　　)이 된다.

## 식물의 한살이

과학

한살이는 세상에 태어나서 죽을 때까지의 동안을 이른다. 식물의 한살이는 씨가 싹 트고 자라서 꽃이 피고 열매를 맺어 다시 씨가 생기는 과정을 이른다. 한해살이 식물인 강낭콩을 흙에다 심고 물을 주면, 씨에서 뿌리가 나온다. 그다음에 떡잎이 나온다. 떡잎 사이에서 본잎이 나온다. 본잎이 나오고 나면 잎과 줄기가 자란다. 잎과 줄기가 자라면 꽃이 핀다. 꽃이 지면 열매를 맺는다. 은행나무와 같은 여러해살이 식물은 여러 해 동안 죽지 않고 살면서 꽃이 피고 열매를 맺는 과정을 반복한다.

위의 글을 읽고 알맞게 추론한 문장을 고르세요.

① 강낭콩은 여러해살이 식물입니다.

② 한해살이 식물은 12개월 동안 살아있습니다.

③ 씨앗을 심고 씨앗을 거두는 일도 한살이입니다.

④ 한살이를 관찰할 때는 잎, 줄기, 꽃, 열매를 관찰하기 쉬운 식물을 선택해야 합니다.

식물은 성장 과정에서 다양한 단계를 거치므로, 각 단계의 핵심 요소(싹트기, 떡잎, 잎, 줄기, 꽃, 열매)가 명확히 구분되고 잘 드러나는 식물을 선택하는 것이 좋아요. 그러므로 ④번이 올바른 추론이에요. ①번은, 앞의 글에서 강낭콩이 한해살이 식물이라고 명확히 언급하고 있으므로 잘못된 추론이에요. ②번은, 한해살이 식물은 일반적으로 1년 안에 생명의 주기를 끝내지만, 반드시 12개월 동안 산다는 것은 보장되지 않으므로 잘못된 추론이에요. ③번은, 씨앗 심기와 수확하기는 사람의 행위이므로 식물의 한살이에 속한다고 말할 수 없으므로, 잘못된 추론이에요.

이어 **생각하기**

다음 중 여러해살이 식물에 ○표하세요.

나팔꽃 (　　)

코스모스 (　　)

민들레 (　　)

옥수수 (　　)

해바라기 (　　)

## 동형이의어

국어

동형이의어는 형태는 같으나 뜻이 다른 낱말을 말한다. 이를 동형어라고도 한다. 다의어는 두 가지 이상의 뜻을 가진 낱말을 말한다. 동형이의어와 다의어는 발음이 같으므로 문맥에 따라 올바르게 해석해야 한다. 글에 다의어가 나오면, 다의어가 가지고 있는 여러 가지 뜻을 파악하여 문장 안에서 적절히 해석해야 한다. 따라서 이 두 개념의 구별은 언어의 미묘함을 이해하고 소통의 정확성을 높이는 데 꼭 필요하다.

위의 글을 읽고 알맞게 추론한 문장을 고르세요.

① 사람의 '다리'와 건너는 '다리'는 동형이의어입니다.

② 아픈 '배'와 곤충의 '배'의 '배'는 동형이의어입니다.

③ 가득 '차다'와 공을 '차다'의 '차다'는 다의어입니다.

④ 약을 '바르다'와 씨를 '바르다'의 '바르다'는 다의어입니다.

형태가 같은 두 개의 '다리'가 각기 다른 뜻을 가지므로 동형이의어의 정의에 정확히 들어맞아요. 하나는 신체의 일부인 '다리', 다른 하나는 건너는 다리(교량)를 의미하므로, 뜻이 달라서 동형이의어로 분류되었어요. 그러므로 ①번이 올바른 추론이에요. ②번, 아픈 '배'와 곤충의 '배'의 '배'는 동형이의어가 아니라 다의어이므로 잘못된 추론이에요. ③번, 가득 '차다'와 공을 '차다'의 '차다'는 다의어가 아니라 동형이의어이므로 잘못된 추론이에요. ④번은, 약을 '바르다'와 씨를 '바르다'의 '바르다'는 다의어가 아니라 동형이의어이므로 잘못된 추론이에요.

이어 **생각하기**

아래 두 문장에 있는 동형이의어에 밑줄 치세요.

형은 선물 받은 시계를 차고 멋을 부리며 외출했다. 나는 운동장에서 재주를 부리며 친구에게 받은 축구공을 차고 놀았다.

## 구파발

사회

구파발동은 사라졌지만, 구파발역은 남아 있다. 구파발은 통일로가 지나는 길목으로, 조선 시대에 평양이나 의주로 가는 교통과 통신의 중심지였다. 변방에서 일어나는 위급한 국가 재난 상황은 빠른 말을 타고 가서 알리는 것이 최선이었다. 지금의 구파발은 돈화문에서 벽제, 파주로 이어지는 파발이 있던 지역이다. 파발은 파발마를 재우는 마방이 있던 곳으로, 구파발은 옛날에 파발이 지나던 곳이라는 뜻에서 그 이름이 유래되었다.

위의 글을 읽고 알맞게 추론한 문장을 고르세요.

① 구파발에는 지금도 마방이 있습니다.

② 사람은 파발에서 잠을 잘 수 없었습니다.

③ 구파발은 파발마 아홉 마리를 의미합니다.

④ 조선 시대에는 말을 타고 소식을 전했습니다.

앞의 글에서 조선 시대에는 위급한 상황에서 빠른 말을 타고 소식을 전했다는 내용이 명확히 언급되어 있어요. 그러므로 ④번이 올바른 추론이에요. ①번은, 글에서는 구파발에 마방이 있었음을 언급하지만, 현재에도 마방이 있다고 명시하지 않았으므로 잘못된 추론이에요. ②번은, 글에서는 사람의 휴식 가능성에 대한 언급이 없지만, 말이 쉴 때 사람이 쉬었을 것이라고 추론할 수 있으므로 잘못된 추론이에요. ③번은, 구파발이 파발마와 관련이 있음을 나타내는 글이지만, '아홉 마리'라는 구체적인 내용은 언급되지 않았으므로 잘못된 추론이에요.

이어 **생각하기**

조선 시대의 통신 수단에 모두 밑줄 치세요.

파발마

가마

봉화

북

## 막대그래프

수학

막대그래프는 비교할 양이나 계산하여 얻은 값이 일정한 범위에 흩어져 퍼져 있는 것을 막대 모양의 도형으로 나타낸 그래프이다. 반 학생들이 좋아하는 과목의 조사 결과가 국어 4명, 수학 5명, 사회 4명, 과학 5명, 체육 10명이었다면, 먼저 조사한 내용을 표로 정리해야 한다. 그런 다음에 가로와 세로에 무엇을 나타낼지 정하고, 한 칸의 눈금을 얼마로 할지 정해야 한다. 조사한 수량 중에서 가장 큰 수를 나타낼 수 있도록 눈금도 표시해야 한다.

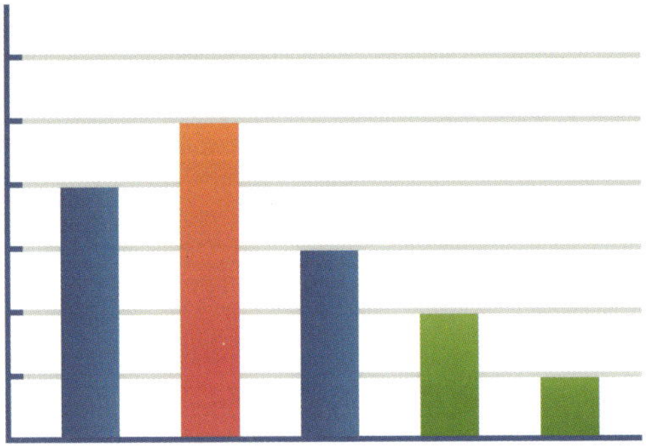

위의 글을 읽고 알맞게 추론한 문장을 고르세요.

① 막대그래프에서 '명'을 생략할 수 있습니다.

② 막대의 길이는 '좋아하는 학생 수'를 나타냅니다.

③ 막대그래프를 그릴 때, 표를 만들 필요가 없습니다.

④ 막대그래프를 그릴 때, '4명'에 맞추어 눈금을 정합니다.

앞의 글에 대한 막대그래프에서 막대의 높이나 길이는 조사한 값인 '좋아하는 학생 수'를 표현해요. 따라서 막대의 크기로 수량의 차이를 쉽게 비교할 수 있어요. 그러므로 ②번이 올바른 추론이에요. ①번은, '명'을 생략하면 단위를 알 수 없어서 오해할 수 있으므로 잘못된 추론이에요. ③번은, 막대그래프를 그리기 전에는 조사한 내용을 표로 정리해야 그래프를 정확히 만들 수 있으므로 잘못된 추론이에요. ④번은, 눈금은 가장 많은 수(앞글에서는 10명)를 기준으로 정해야 하므로 잘못된 추론이에요. 4명에 맞추면 체육 과목을 좋아하는 10명을 표현할 수 없어요.

이어 생각하기

앞글의 막대그래프를 그리면서 가로축에는 '과목 이름'을 적었습니다. 이때, 세로축에는 무엇을 적어야 할까요? 알맞은 말을 □에 쓰세요.

□□ □ 또는

□

## 물체의 무게

과학

물체의 무게는 지구가 물체를 끌어당기는 힘의 크기이다. 무게의 단위는 그램중, 킬로그램중이 있다. 양팔저울로 무게를 재려면, 받침대를 평평한 곳에 세우고, 받침대 윗부분에 저울대의 중심을 연결해야 한다. 용수철저울은 용수철이 늘어지는 길이를 보고 무게를 측정한다. 추의 무게가 10g중일 때 2센티미터가 늘어났다면, 20g중일 때는 4센티미터가 늘어난다.

위의 글을 읽고 알맞게 추론한 문장을 고르세요.

① 용수철저울은 줄어드는 성질을 이용합니다.

② 양팔저울은 무게를 쉽고 정확하게 잴 수 있는 저울입니다.

③ 추의 무게가 50g중일 때 용수철은 8센티미터가 늘어납니다.

④ 양팔저울의 저울접시는 받침점으로부터 동일한 거리에 끼웁니다.

양팔저울로 두 물체의 무게를 정확하게 재려면 양쪽 저울접시가 중심(받침점)으로부터 같은 거리에 있어야 해요. 양쪽의 거리와 힘이 같아야 균형을 이루어 정확하게 비교할 수 있어요. 그러므로 ④번이 올바른 추론이에요. ①번은, 용수철저울은 줄어드는 성질이 아니라 늘어나는 성질을 이용하므로 잘못된 추론이에요. ②번은, 양팔저울은 추를 이용하여 무게를 정확하게 잴 수 있지만 수평 잡기가 어려워 쉽게 재기 어려우므로 잘못된 추론이에요. ③번은, 10g중에 2cm 늘어나면, 50g중이면 10cm가 늘어나야 하므로 잘못된 추론이에요.

이어 **생각하기**

양팔저울과 같은 원리를 이용한 저울에 ○표하세요.

손저울 (　　)

전자저울 (　　)

접시저울 (　　)

체중계 (　　)

## 중심 생각

국어

글을 읽을 때는 중심 생각을 찾는 것이 아주 중요하다. 중심 생각은 글쓴이가 독자에게 가장 전하고 싶은 말이다. 예를 들어, '식물 잘 키우는 법'이라는 제목의 글을 읽는다면 '식물은 햇빛, 물, 양분이 충분해야 잘 자란다'라는 문장이 중심 생각이 될 수 있다. 이처럼 글쓴이가 글에서 가장 강조하는 내용을 찾아야 글의 전체 내용을 제대로 이해할 수 있다. 중심 생각을 먼저 찾으면, 다른 정보들도 쉽게 연결해서 이해할 수 있다. 글을 읽을 때마다 "이 글에서 가장 중요한 내용은 무엇일까?" 하고 스스로 물어보면서 읽자.

위의 글을 읽고 알맞게 추론한 문장을 고르세요.

① '질문하면서 읽자'가 중심 생각합니다.

② '식물은 빛과 물이 필요하다'가 중심 생각입니다.

③ '읽을 때 중심 생각을 찾자'가 중심 생각입니다.

④ '글의 전체 내용을 이해하자'가 중심 생각입니다.

앞의 글은 '글을 읽을 때 중심 생각을 찾는 것이 중요하다'라는 내용을 반복적으로 강조하고 있어요. 식물을 키우는 내용도 중심 생각을 찾는 방법을 설명하기 위해 제시했고, 마지막에는 중심 생각을 찾는 습관을 길러야 한다고도 말했어요. 그러므로 ③번이 올바른 추론이에요. ①번은, 질문하며 읽는 것도 중요하지만, 그것은 중심 생각을 찾기 위한 방법일 뿐이므로 잘못된 추론이에요. ②번은, 이 문장은 예시일 뿐이며, 중심 생각이 아니므로 잘못된 추론이에요. ④번은, 전체 내용을 이해하자는 말도 중요하지만, 이 글의 주된 목적은 전체 내용 이해보다 중심 생각 찾기의 중요성을 설명하는 데 있으므로 잘못된 추론이에요.

이어 **생각하기**

'글의 중심 생각'과 비슷한 뜻에 해당하는 말에 ○표하세요.

글의 소재 (      )

글의 제재 (      )

글의 주제 (      )

글의 결론 (      )

# 미륵사지석탑

사회

미륵사지석탑은 전북 익산시 미륵사 터에 있는 백제 무왕 때(639년)의 화강암 석탑이다. 이 탑은 우리나라 석탑 가운데 가장 크고 오래된 것으로, 목탑에서 석탑으로 옮아가는 과정의 구조를 보여주는 중요한 탑이다. 우리나라 국보로, 정식 명칭은 '익산 미륵사지 석탑'이다. 이 탑은 무너질 위험이 있어서 오랫동안 보수 공사를 했는데, 그 안에서 약 1400년 전 유물이 발견되었다. 탑 안에 있던 금제 사리 봉영기는 현재 국립익산박물관의 추천 소장품 목록에 있다.

위의 글을 읽고 알맞게 추론한 문장을 고르세요.

① 미륵은 백제 사람들을 가리키는 말입니다.

② 미륵사지석탑은 약 1400년 전에 세워졌습니다.

③ 미륵사지석탑은 처음에는 나무로 만들어졌습니다.

④ 국립익산박물관에는 백제 무왕이 만든 탑이 전시되어 있습니다.

앞의 글에서 639년 백제 무왕 때 세워졌다고 하였고 현재 시점과 비교하면 약 1400년 전이에요. 탑 안에서 발견된 유물도 약 1400년 전의 것이라고 하였기 때문에, 이 탑 역시 약 1400년 전에 세워졌다고 추론할 수 있어요. 그러므로 ② 번이 올바른 추론이에요. ①번은, '미륵'은 부처가 될 존재를 뜻하는 '미륵불'에서 온 말이지, 백제 사람을 뜻하는 말이 아니므로 잘못된 추론이에요. ③번은, 미륵사지석탑은 '목탑에서 석탑으로 옮아가는 구조'를 보여주지만, 처음에 나무로 만들어졌다는 것은 아니므로 잘못된 추론이에요. ④번은, 국립익산박물관은 탑 안에서 발견된 금제 사리 봉영기를 소장하고 있으므로 잘못된 추론이에요.

이어 **생각하기**

삼국 시대에 제작된 미륵사지석탑은 삼국 중 어느 나라의 문화유산일까요? 그 나라 이름을 (　　)에 쓰세요.

(　　　　　)

## 증강 현실

수학

증강 현실은 현재 실제로 존재하는 사물이나 환경에 가상의 사물이나 환경을 덧입혀 보여주는 기술이다. 하늘에서 내려다보니 운동장에서 1부터 1000까지 숫자가 이어서 적혀 있다. 그곳에 장난꾸러기 아기 용 다섯 마리가 "용용 죽겠지." 하며 노래를 부르고 있다. 그리고 37에 두 마리, 28, 18 위에 각각 한 마리가 앉아 있다. 나머지 아기 용 한 마리가 앉은 숫자는 무엇일까? 힌트는 '자음 ㄱ ㄲ ㄴ ㄷ ㄸ ㄹ ㅁ ㅂ ㅃ ㅅ ㅆ ㅇ ㅈ ㅉ ㅊ ㅋ ㅌ ㅍ ㅎ'과 '모음 ㅏ ㅐ ㅑ ㅒ ㅓ ㅔ ㅕ ㅖ ㅗ ㅘ ㅙ ㅚ ㅛ ㅜ ㅝ ㅞ ㅟ ㅠ ㅡ ㅢ ㅣ'뿐이다.

위의 글을 읽고 알맞게 추론한 문장을 고르세요.

① 30입니다.

② 32입니다.

③ 34입니다.

④ 36입니다.

주어진 숫자(37, 28, 18)는 한글로 읽었을 때의 자음자와 모음자의 순서 번호의 합을 뜻해요. 각 소리마디를 초성, 중성, 종성으로 나눈 뒤 각각의 자음자, 모음자를 해당 번호로 바꾸어 더하면 돼요. '용' → ㅇ(12번째)+ㅛ(13번째)+ㅇ(12번째)=37, '죽' → ㅈ(13번째)+ㅜ(14번째)+ㄱ(1번째)=28, '겠' → ㄱ(1번째)+ㅔ(6번째)+ㅆ(11번째)=18, '지' → ㅈ(13번째)+ㅣ(21번째)=34예요. 그러므로 ③번이 올바른 추론이에요. ①번, ②번, ③번은, '지'의 자음(13)+모음(21)을 더하면 34가 되어야 하므로, 잘못된 추론이에요.

이어 **생각하기**

(  )에 알맞은 수를 쓰세요.

12345679×9= 111111111

12345679×18= 222222222

12345679×27= 333333333

12345679×36= (          )

## 자철석

과학

자철석은 특별한 돌이에요. 이 돌은 쇠붙이를 쏙쏙 끌어당기는 힘이 있어요. 마치 보이지 않는 손으로 쇠를 잡아당기는 것 같아서 신기하죠. 자석은 자기 덕분에 나침반처럼 방향도 알려줄 수 있어요. 자석에는 극이 있는데, 자석에서 쇠붙이를 가장 세게 끌어당기는 부분이에요. 자석은 모양은 달라도 N극과 S극이 있어요. N극은 북쪽을 가리키고, S극은 남쪽을 가리켜요. 같은 극끼리 가까이하면 밀어내는 힘이 작용하고, 다른 극끼리 가까이하면 서로 끌어당기는 힘이 작용해요.

위의 글을 읽고 알맞게 추론한 문장을 고르세요.

① N극을 자르면 두 개의 N극이 생깁니다.

② 자철석도 N극과 S극으로 나누어집니다.

③ 자석의 모든 곳은 쇠를 당기는 힘이 같습니다.

④ N극을 남극이라고 부르고 S극을 북극이라고 부릅니다.

자철석은 자석이므로 N극과 S극으로 나뉜다고 추론할 수 있어요. 그러므로 ②번이 올바른 추론이에요. ①번은, 자석을 자르면 각각의 조각이 다시 N극과 S극을 가지는 자석이 되므로 잘못된 추론이에요. ③번은, 자석은 극 부분에서 쇠붙이를 가장 세게 끌어당기기 때문에, 모든 부분의 힘이 같지는 않으므로 잘못된 추론이에요. ④번은, N극이 북쪽을 가리키므로 북극이라고 부르고, S극은 남쪽을 가리키기 때문에 남극이라고 부르므로 잘못된 추론이에요.

이어 **생각하기**

앞의 글을 다시 읽고 물음에 대답하세요.

나침반의 N극은 항상 북극을 가리키고, S극은 항상 남극을 가리킵니다. 그 까닭을 한두 문장으로 쓰세요.

## 바늘

과학

막대자석에 5분 동안 붙여 놓았던 바늘을 수수깡 조각에 꽂고 물을 채워 둔 원형 수조에 넣어 보았다. 수조를 흔들어 물이 조금 출렁거리자 가벼운 수수깡도 조금씩 출렁거렸다. 시간이 조금 지나자, 수수깡은 멈췄다. 원형 수조 밖에 있는 나침반과 비교해 보니, 두 바늘이 기차 철로처럼 수평을 이루고 있었다. 바늘귀가 있는 쪽은 N극과 마주하고 있었다.

위의 글을 읽고 알맞게 추론한 문장을 고르세요.

① 물이 출렁거리는 것은 바늘의 마찰력 때문입니다.

② 수수깡에 꽂힌 바늘은 자석의 성질 때문에 방향을 잡습니다.

③ 바늘이 가리키는 방향을 보고 방향을 결정할 수 없습니다.

④ 바늘귀가 가리키는 방향은 남쪽입니다.

막대자석에 붙여 놓았던 바늘은 자석의 성질을 띠게 돼요. 그래서 그 성질로 인해 방향을 잡는다는 점을 잘 설명하므로 ②번이 올바른 추론이에요. ①번은, 물이 출렁거리는 원인은 바늘의 마찰력 때문이 아니라, 원형 수조를 움직였기 때문이므로 잘못된 추론이에요. ③번은, 자석이 된 바늘이 방향을 가리킨다는 사실을 부정하고 있어 잘못된 추론이에요. ④번은, 바늘귀가 N극을 향하고 있다는 내용과 모순된 추론이므로 잘못된 추론이에요. 바늘귀가 수평으로 나침반의 N극과 마주하고 있으니, 바늘귀가 가리키는 방향은 북쪽이에요.

이어 **생각하기**

쇳가루에 막대자석을 가져다 대면 쇳가루가 막대자석의 어느 쪽에 가장 많이 달라붙을까요? 알맞은 대답에 밑줄 치세요.

쇳가루가 막대자석의 가운데에 가장 많이 달라붙는다.

쇳가루가 막대자석의 양쪽 끝부분에 가장 많이 달라붙는다.

쇳가루가 막대자석의 전체에 골고루 달라붙는다.

쇳가루가 막대자석의 한쪽 끝부분에 가장 많이 달라붙는다.

## 달빛

국어

"웃기지 마." 그 한마디가 깨진 유리컵 조각처럼 가슴에 콕, 박힌다. 아프다. 상처에 피가 맺힌다. 혀끝에는 연탄 가루가 까끌까끌하다. 손으로 구긴 종이를 다시 펴면서 숨을 들이쉰다. 밤하늘에 보름달이 웃고 있다. 달빛이 내 어깨를 다독인다. 보름달이 말한다. "웃어도 돼. 그 상처는 너를 자라게 할 걸?" 달의 따뜻한 미소가 상처에 스며든다. 상처에서 달빛 웃음 한 송이가 피어난다.

위의 글을 읽고 알맞게 추론한 문장을 고르세요.

① 말하는 이는 보름달을 보고 큰 상처를 받았습니다.

② "웃기지 마."는 말하는 이의 용기를 키운 말입니다.

③ 말하는 이는 자신을 스스로 위로하고 있습니다.

④ 감각적 표현을 사용하지 않은 시입니다.

앞의 글에서 말하는 이는 "웃기지 마."라는 말에 상처를 받지만, 밤하늘의 보름달과 스스로 만든 따뜻한 마음을 통해 위로를 받고 웃음을 되찾아요. 그러므로 ③번이 올바른 추론이에요. ①번은, 보름달은 상처를 주지 않고 위로를 해 주므로 잘못된 추론이에요. ②번은, "웃기지 마."는 상처를 준 말이므로 잘못된 말이에요. ④번은, 글에 여러 감각적 표현이 풍부하게 사용되었으므로 잘못된 추론이에요.

### 이어 **생각하기**

사람이 느낄 수 있는 다섯 가지 감각 중에서 앞의 글에 나타나 있지 않은 감각은 무엇인가요? 그 감각에 ○표하세요.

청각 (　　)

시각 (　　)

미각 (　　)

후각 (　　)

촉각 (　　)

## 경제 활동

사회

경제 활동은 사람들의 생활에 필요한 것을 생산하고 소비하는 것을 말한다. 생산 활동은 생활에 필요한 것을 자연에서 얻는 활동, 직접 만드는 활동, 생활을 편리하고 즐겁게 하는 활동이다. 소비 활동은 생산한 물건을 사거나 서비스를 사용하는 활동이다. 경제 활동에서는 자원의 희소성 때문에 선택의 문제가 발생한다. 따라서 자신이 가진 한정된 자원인 돈과 시간으로 가장 큰 만족감을 얻는 합리적인 선택을 해야 한다.

위의 글을 읽고 알맞게 추론한 문장을 고르세요.

① 어부가 오징어를 잡는 일은 소비 활동입니다.

② 스마트폰을 제조하는 일은 소비 활동입니다.

③ 영화관에서 영화를 관람하는 일은 생산 활동입니다.

④ 편의점에서 아르바이트하고 돈을 받는 일은 생산 활동입니다.

생산 활동은 생활에 필요한 것을 만들거나 제공하고 그 대가를 받는 활동이에요. 편의점에서 아르바이트하고 돈을 받는 것은 노동을 통해 서비스나 물건을 제공하고 그 대가로 보수를 받는 활동이므로 생산 활동이에요. 그러므로 ④번이 올바른 추론이에요. ①번은, 오징어를 잡는 일은 자연에서 얻는 생산 활동이므로 잘못된 추론이에요. ②번은, 스마트폰을 만드는 일은 생산 활동이므로 잘못된 추론이에요. ③번은, 영화 관람은 서비스를 구매하여 즐기는 소비 활동이므로 잘못된 추론이에요.

이어 **생각하기**

'소비 활동'에는 '소비', '생산 활동'에는 '생산'이라고 ( )에 쓰세요.

피시방에서 게임을 하는 활동 ( )

과수원에서 사과 농사를 짓는 활동( )

태권도 체육관에서 태권도 교습을 받는 활동( )

미용실에서 손님의 머리를 손질해 주는 활동( )

## 물

과학

물은 얼음으로도 변하고 수증기로도 변해요. 물은 액체이지만 어는점이 0℃가 되면 고체로 변하고, 끓는점이 100℃가 되면 기체로 변해요. 물의 상태 변화는 생활 주변에서 쉽게 볼 수 있어요. 주사위 모양의 얼음 몇 개를 작은 냄비 위에 두면, 크기가 점점 작아져요. 시간이 지나면 물로 변해요. 그 냄비를 가열하면 물이 끓어 수증기가 생겨요. 그렇다면 그 수증기는 도대체 어디로 사라지는 걸까요?

위의 글을 읽고 알맞게 추론한 문장을 고르세요.

① 고드름은 녹으면서 기체로 변합니다.

② 물은 두 가지 상태로 존재합니다.

③ 공기에는 얼음이 포함되어 있습니다.

④ 물은 공기 중에 기체 상태로 있습니다.

앞의 글에서 물이 끓으면 수증기가 생기고, 그 수증기가 사라진다고 했어요. 이 말은 기체 상태의 물인 수증기가 공기에 포함되었다는 뜻이에요. 따라서 수증기는 공기 중에 기체 상태의 물로 존재한다는 것을 추론할 수 있어요. 그러므로 ④번이 올바른 추론이에요. ①번은, 고드름은 고체에서 액체로 먼저 변하고, 그 후에야 기체가 될 수 있으므로 잘못된 추론이에요. ②번은, 물은 고체, 액체, 기체로 변할 수 있으므로 잘못된 추론이에요. ③번은, 공기 중에는 수증기가 포함될 수 있지만, 고체 상태인 얼음은 포함되지 않으므로 잘못된 추론이에요.

이어 **생각하기**

□에 각 낱말의 뜻풀이를 완성하세요.

융해: □ 체가 □ 체로 변하는 현상.

기화: □ 체가 □ 체로 변하는 현상.

액화: □ 체가 □ 체로 변하는 현상.

응고: □ 체가 □ 체로 변하는 현상.

승화: □ 체가 □ 체로 변하는 현상.

## 유과

사회

유과는 우리 마을의 효자 상품이다. 우리 마을에서 만드는 유과는 추석과 설날을 앞두고 인터넷을 통해 전국으로 팔려 나간다. 유과를 만들려면, 먼저 물에 일주일 정도 불려 빻은 찹쌀가루를 청주와 콩물을 넣고 반죽한다. 그다음에는 젖은 보자기를 시루에 넣고 그 위에 반죽을 넣고 찐다. 그다음에는 찐 반죽을 여러 모양으로 만들고 쓸어 말린다. 말린 것을 기름에 튀겨 꿀 또는 조청을 바른다. 여기에 다시 튀밥 가루, 깨, 잣가루, 콩가루, 송홧가루 따위를 묻힌다.

위의 글을 읽고 알맞게 추론한 문장을 고르세요.

① 유과를 사서 먹는 것은 교류입니다.

② 유과는 만드는 절차가 간결합니다.

③ 유과는 기름에 볶은 과자입니다.

④ 유과는 고소하지만 달지 않습니다.

앞의 글에 “인터넷을 통해 전국으로 팔려 나간다.”라는 내용이 있어요. 이는 지역 간의 물적 교류를 나타내므로 올바른 추론이에요. 그러므로 ①번이 올바른 추론이에요. ②번은, 유과 만드는 과정은 여러 단계를 거치므로 ‘절차가 간결하다.’라는 표현은 글 내용과 어긋나므로 잘못된 추론이에요. ③번은, 유과는 ‘기름에 튀긴다.’라고 했기 때문에, ‘볶는다’라는 표현은 틀린 조리 방법이므로 잘못된 추론이에요. ④번은, ‘고소하다’라는 내용은 지문에 직접 언급되지 않았지만, 매우 단 꿀이나 조청을 바르기 때문에 유과는 매우 단 과자이므로 잘못된 추론이에요.

이어 **생각하기**

조선 시대부터 내려오는 우리나라 전통 과자에 모두 ○표하세요.

약과 (　　)

강정 (　　)

전병 (　　)

한과 (　　)

사탕 (　　)

## 요구르트

과학

요구르트를 얼리면 더 맛있다는 동생 덕분에 과학의 원리를 하나 발견했다. 요구르트병과 물이 든 페트병을 냉동실에 똑바로 세워 놓고 3시간 뒤에 꺼냈는데, 요구르트병과 페트병이 볼록해졌다. 냉동실에 넣지 않은 요구르트병과 냉동실에 넣은 요구르트병, 냉동실에 넣은 페트병과 냉동실에 넣지 않은 페트병을 각각 양팔저울에 올렸더니, 두 쌍 모두 수평으로 균형을 이루었다.

위의 글을 읽고 알맞게 추론한 문장을 고르세요.

① 얼린 요구르트는 액체 상태의 물질입니다.

② 물은 액체와 고체 상태일 때 무게가 똑같습니다.

③ '요구르트를 얼려 먹으면 더 맛있다.'라는 문장은 사실입니다.

④ 냉동실에 있었던 요구르트병과 페트병은 부피가 변하지 않았습니다.

요구르트병과 물이 든 페트병을 냉동실에 넣었더니 병이 볼록해졌다는 사실은 내용물의 부피가 늘어났다는 것을 말해요. 즉 물이나 요구르트가 얼면서 부피가 증가했다는 뜻이에요. 냉동실에 넣은 병과 넣지 않은 병을 양팔저울에 올려 비교했을 때 무게가 같다고 했어요. 따라서 물은 얼면서 부피는 증가하지만, 무게는 변하지 않는다는 과학적 사실을 알 수 있어요. 그러므로 ②번이 올바른 추론이에요. ①번은, 언 물질은 고체 상태이므로 잘못된 추론이에요. ③번은, 개인의 주관적인 의견일 뿐 과학적인 사실이 아니므로 잘못된 추론이에요. ④번은, 병이 볼록해졌기 때문에 부피가 변했다고 추론할 수 있으므로 잘못된 추론이에요.

이어 **생각하기**

옳은 대답에 ○표하세요.

물이 든 페트병을 얼리면 물이 얼음이 되면서 부피가 증가합니다. 그 부피는 액체 상태보다 얼마큼 증가할까요?

약 5% 증가한다. (　　)　약 10% 증가한다. (　　)

약 15% 증가한다. (　　)　약 20% 증가한다. (　　)

## 그리마

국어

"그리마다!"

"우아, 징그러워."

누군가 소리쳤다. 그러자 금방 아이들이 복도에 몰렸다.

지수는 조용히 그리마 앞으로 다가갔다. 지수는 어제저녁 집에서 그리마와 약속했다. 학교에서 만나는 모든 그리마를 살리겠다고. 하지만 친구들의 눈치를 봐야 한다. 그리마와 대화할 수 있다는 것을 친구들이 눈치채면 친구들이 까무러치게 놀랄지도 모르기 때문이다.

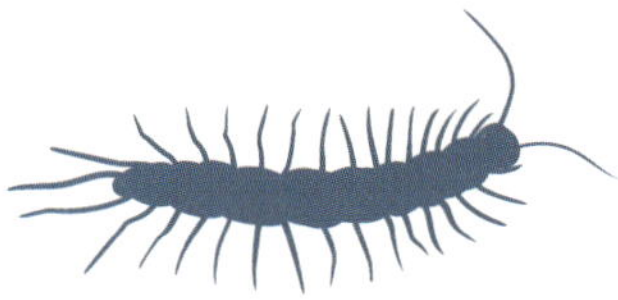

위의 글을 읽고 알맞게 추론한 문장을 고르세요.

① 지수는 그리마를 징그럽다고 생각했습니다.

② 이 글은 현실 세계에서 일어난 일을 쓴 글입니다.

③ 이 글은 이야기의 세계이므로 현실 세계와 다릅니다.

④ 그리마는 소심한 성격이므로 자신의 의견을 말하지 않았습니다.

앞의 글에서는 "지수가 그리마와 약속했다.", "그리마와 대화할 수 있다." 등 현실에서는 일어나기 힘든 상황이 나타나요. 이것은 이야기 속 상상 세계, 즉 동화나 판타지적인 설정임을 보여줘요. 그러므로 ③번이 올바른 추론이에요. ①번은, 지수는 친구들과 달리 그리마를 살리겠다고 약속하고 앞으로 다가갔으므로 잘못된 추론이에요. ②번은, 그리마와 대화하는 설정은 현실적이지 않으므로 잘못된 추론이에요. ④번은, 글에서 그리마의 성격을 알 수 없으므로 잘못된 추론이에요.

이어 **생각하기**

□에 알맞은 글자를 쓰세요.

사람들은 그리마를 흉측하게 생긴 동물이라고 생각하곤 하지만, 그리마는 사람들에게 해를 끼치지 않고, □충을 잡아먹는 □충이다.

## 학교 자치

사회

학교 자치는 학교에서 일어나는 일을 학생 스스로 해결해 나가는 활동입니다. 학생들이 스스로 규칙을 만들고, 지키며, 서로의 의견을 나누는 과정은 학생 자치로 이어집니다. 대표로 선출된 회장은 학생 자치회를 이끌 수 있고, 누구든지 학교의 문제에 대해 의견을 제시할 수 있습니다. 이러한 학생 자치 활동은 모두가 참여하고 함께 결정하는 민주주의의 원리와 닮았습니다.

위의 글을 읽고 알맞게 추론한 문장을 고르세요.

① 학교 자치와 학생 자치는 서로 관련이 없습니다.

② 민주주의에서는 선출된 회장만 의견을 낼 수 있습니다.

③ 학생 자치는 민주주의의 원리를 실천하는 활동입니다.

④ 학생들은 학교 문제에 관한 여러 의견을 제시할 수 없습니다.

앞의 글에서 학교 자치와 학생 자치가 모두의 의견을 존중하고 함께 결정하는 민주주의의 원리와 닮아 있다고 했어요. 학생들이 스스로 규칙을 만들고, 회장을 선출하며, 누구나 의견을 제시하는 모습은 민주주의를 직접 실천하는 활동이에요. 그러므로 ③번이 올바른 추론이에요. ①번은, 글에서 학교 자치가 학생 자치로 이어진다고 명확히 말하고 있으므로 잘못된 추론이에요. ②번은, 민주주의는 모두가 참여하고 의견을 낼 수 있는 제도이므로 잘못된 추론이에요. ④번은, 글에서는 학생 누구든지 의견을 제시할 수 있다고 했으므로 잘못된 추론이에요.

이어 **생각하기**

'국민 주권'은 민주주의의 기본 원리입니다. □에 알맞은 낱말을 써넣어 개념을 완성하세요.

국민 주권은 국민이 대의 기관을 통하거나 직접적으로 □을 만들고 중요한 나랏일을 결정하는 권력이다.

## 삼각형

수학

삼각형은 세 개의 변으로 이루어진 평면 도형이다. 두 변의 길이가 같으면 이등변삼각형이고, 세 변의 길이가 같으면 정삼각형이다. 세 개의 내각 가운데 하나가 둔각이면 둔각삼각형이고, 내각이 모두 예각인 삼각형은 예각삼각형이며, 한 내각이 직각인 삼각형은 직각삼각형이다.

위의 글을 읽고 알맞게 추론한 문장을 고르세요.

① 삼각형은 변의 길이에 따라 분류한 이름입니다.

② 둔각삼각형은 각의 크기에 따라 분류한 이름입니다.

③ '세 변의 길이가 같다.'라는 내용은 삼각형의 정의입니다.

④ 직각삼각형은 예각삼각형이 될 수 있습니다.

둔각삼각형의 정의는 '세 개의 내각 중 하나가 둔각인 삼각형'이에요. 예각은 직각(90°)보다 작은 각이고, 둔각은 90°보다는 크고 180°보다는 작은 각이에요. 그러므로 ②번이 올바른 추론이에요. ①번은, 삼각형은 변의 개수로 정의되므로 잘못된 추론이에요. ③번은, '세 변의 길이가 같다'라는 정의는 정삼각형의 정의일 뿐, 삼각형 전체의 정의는 아니므로 잘못된 추론이에요. ④번은, 직각삼각형은 한 내각이 90°인 삼각형이며, 예각삼각형은 모든 내각이 90° 미만인 삼각형이므로 잘못된 추론이에요.

이어 **생각하기**

알맞은 문장에 모두 밑줄 치세요.

예각삼각형은 세 내각 중 두 개가 예각인 삼각형이다.

둔각삼각형은 두 변의 길이가 같다.

모든 정삼각형은 이등변삼각형이다.

정삼각형의 세 내각은 모두 같다.

# 김

과학

주전자에 물을 넣고 끓이면 김이 나온다. '김'은 사전에 '수증기가 찬 기운을 받아서 엉긴 아주 작은 물방울의 집합체'라고 설명하고 있다. 그러므로 이 김은 기체가 아니다. 이 김은 수증기가 공기 중에서 냉각되어 작은 물방울로 변한 액체이다. 김이 나오는 부분에 거리를 두고 그 김을 받으면 물방울이 맺히는 것을 눈으로 볼 수 있다. 수증기는 눈에 보이지 않는다. 기체도 눈에 보이지 않는다.

위의 글을 읽고 알맞게 추론한 문장을 고르세요.

① 끓는 주전자에서는 수증기를 볼 수 있습니다.

② 김은 액체 상태에서 기체 상태로 변한 것입니다.

③ 끓는 물에서 발생하는 김은 수증기와는 다릅니다.

④ 주전자에서 나온 김은 물체에 닿아도 변화가 없습니다.

앞의 글에서 '김'은 수증기가 공기 중에 냉각되어 물방울로 변한 액체라고 명확히 설명하고 있어요. 수증기는 기체 상태지만, 김은 액체인 작은 물방울로 존재하므로 이 두 가지는 달라요. 그러므로 ③번이 올바른 추론이에요. ①번은, 끓는 주전자에서 발생하는 수증기는 기체 상태라 눈에 보이지 않으므로 잘못된 추론이에요. ②번은, 김은 기체인 수증기가 공기와 접촉해 냉각되어 액체 상태의 물방울로 변한 것이에요. 액체가 기체로 변화한 것이 아닌, 기체가 액체로 변한 것이므로 잘못된 추론이에요. ④번은, 김은 액체이므로 물체에 닿으면 물방울 형태로 응결되어 변화가 발생하므로 잘못된 추론이에요. 한편으로, 과학 수업에서는 '김'이 액체가 열을 받아서 기체로 변한 것이라고 가르쳐요. 과학 시간에 배우는 '김'은 앞에서 말한 '김'과는 뜻이 달라요.

이어 **생각하기**

뜻풀이에 알맞은 낱말을 □에 쓰세요.

□□ : 공기 중의 수증기가 기온이 내려가거나 찬 물체에 부딪힐 때 엉겨서 생기는 물방울.

## 인터랙티브 키오스크

국어

인터랙티브 키오스크(interactive kiosk)는 사용자 친화적인 인터페이스를 갖춘 터치스크린 컴퓨터로, 셀프서비스 형식으로 정보와 서비스를 제공합니다. 이러한 키오스크는 소매점, 식당, 공항, 공공장소 등 다양한 장소에서 사용되며, 길 찾기, 티켓 구매, 결제 등 여러 가지 목적으로 활용됩니다. 하지만 일부 노인과 어린이는 사용이 어렵다고 생각합니다. 따라서 더 많은 사람들이 쉽게 사용할 수 있도록 조작 방법을 더 개선하고, 필요한 장소에 더 많은 기기를 설치해야 합니다.

위의 글을 읽고 알맞게 추론한 문장을 고르세요.

① 인터랙티브 키오스크는 누구나 쉽게 이용합니다.

② 인터랙티브 키오스크로는 결제가 되지 않습니다.

③ 인터랙티브 키오스크는 모든 사용자가 좋아합니다.

④ 인터랙티브 키오스크를 많이 설치한다고 노인과 어린이가 쉽게 조작하는 것은 아닙니다.

키오스크 조작법을 쉽게 하는 것이 우선 필요하므로 수를 늘려 설치하는 것만으로는 문제를 해결할 수 없어요. 그러므로 ④번이 올바른 추론이에요. '인터랙티브'는 '상호 작용을 하는'이라는 뜻이에요. ①번은, 노인과 어린이는 조작이 어렵다고 언급했으므로 잘못된 추론이에요. ②번은, 인터랙티브 키오스크로도 결제가 이루어진다고 언급했으므로 잘못된 추론이에요. ③번은, 사용자의 선호도나 만족도에 대한 언급이 글에 없고, 일부 노인과 어린이가 사용하기 어렵다고 했으므로 잘못된 추론이에요.

이어 **생각하기**

인터랙티브 키오스크(interactive kiosk)의 장점에 모두 밑줄 치세요.

모든 사람이 쉽게 주문할 수 있다.

AI(인공지능)가 소비자의 주문을 대신해 준다.

가게 주인으로서는 종업원의 인건비를 절감할 수 있다.

비대면 주문으로 감염병 예방에 효과적이다.

## 주민 자치

사회

주민 자치는 지역 주민들이 스스로 지역의 문제를 해결하고, 지역 발전을 위해 의견을 내며 참여하는 활동이에요. 주민 자치는 민주주의의 본보기에요. 지역 주민들의 주민 자치 덕분에 우리 마을에는 안심길도 생겼고, 공중화장실도 생겼어요. 주민들의 의견이 구청에 잘 반영되었기 때문이에요. 올해는 우리 마을에서 나무 심기 사업을 구청에 신청했어요. 저도 나무 심기 행사에 꼭 참여할 거예요.

위의 글을 읽고 알맞게 추론한 문장을 고르세요.

① 글쓴이는 주민 자치 활동에 적극 참여했습니다.

② 주민 자치와 민주주의는 서로 반대되는 말입니다.

③ 주민 자치로 마을의 문제를 해결할 수 있습니다.

④ 주민 자치는 구청에서 실시하는 주민 참여 활동입니다.

앞의 글에서 "지역 주민들이 스스로 지역의 문제를 해결하고 의견을 낸다.", "안심길과 공중화장실이 생겼다."라는 내용을 보면, 주민 자치를 통해 마을의 문제를 해결할 수 있어요. 그러므로 ③번이 올바른 추론이에요. ①번은, 글쓴이는 "나무 심기 행사에 꼭 참여할 거예요."라고 했기 때문에 아직 참여하지 않았으므로 잘못된 추론이에요. ②번은, 글에서는 주민 자치는 민주주의의 본보기라고 했기 때문에 오히려 서로 밀접한 관계에 있으므로 잘못된 추론이에요. ④번은, 구청이 주민의 의견을 반영한 것으로, 주민 자치의 주체는 '주민'이므로 잘못된 추론이에요.

이어 **생각하기**

주민 자치 활동으로 적절한 내용에 모두 밑줄 치세요.

마을 축제 프로그램 기획 및 운영

청소년 탈선 예방 및 단속 활동

지역 상업 시설 운영 단속 활동

지역 골목 정원 만들기 활동

## 분수 계산 1

수학

분모가 같은 진분수를 더하고 뺄 때는 분모는 그대로 두고 분자끼리 더하거나 뺀 다음에, 계산 결과가 가분수이면 대분수로 바꾸면 된다. 분모가 같은 대분수를 더하고 뺄 때는, 자연수 부분과 진분수 부분을 나누어 계산할 수 있고, 대분수를 가분수로 바꾸어 계산할 수도 있다. 대분수를 가분수로 바꿀 때는 자연수를 분모를 기준 단위로 바꿔야 한다. 계산 결과가 가분수일 때 대분수로 바꾸는 것도 잊지 않아야 한다.

대분수 → 가분수

$$2\frac{1}{2} = \frac{5}{2}$$

가분수 → 대분수

$$\frac{7}{3} = 2\frac{1}{3}$$

위의 글을 읽고 알맞게 추론한 문장을 고르세요.

① 모든 분수는 분자끼리 더하면 됩니다.

② 대분수끼리의 덧셈은 한 가지 방법이 있습니다.

③ 가분수와 가분수의 합은 가분수로만 나타냅니다.

④ 대분수를 가분수로 바꿀 때 대분수의 자연수를 분모와 곱한 값만큼 분자의 수도 늘어납니다.

앞의 글에서는 “대분수를 가분수로 바꿀 때는 자연수를 분모를 기준 단위로 바꿔야 한다.”라고 설명하고 있어요. 이 말은 자연수 부분을 분모와 곱해서 얻은 값을 분자에 더한다는 의미예요. 분자는 분모와 자연수의 곱만큼 늘어나요. 그러므로 ④번이 올바른 추론이에요. ①번은, 분모가 같을 때만 분자끼리 더할 수 있으므로 잘못된 추론이에요. ②번은, 글에 따르면 대분수는 자연수 부분과 분수 부분을 따로 계산하거나, 가분수로 바꿔서 계산하는 두 가지 방법이 있으므로 잘못된 추론이에요. ③번은, 글에서는 계산 결과가 가분수일 경우 대분수로 바꿔야 한다고 했으므로 잘못된 추론이에요.

이어 **생각하기**

( )에 알맞은 분수를 쓰세요.

대분수를 가분수로 바꿀 때는 자연수를 분모를 기준 단위로 바꿔야 한다는 원리에 따르면, $2\frac{6}{7}$에서 자연수 2는 ( ) 와 같고, $2\frac{6}{7}$을 가분수로 바꾸면 ( )이다.

## 태양계

과학

태양계의 중심에는 태양이 있다. 태양계는 태양과 태양을 중심으로 공전하는 천체의 집합이다. 태양으로부터 거리가 가까운 순서대로 나열하면 수성, 금성, 지구, 화성, 목성, 띠가 있는 토성, 천왕성, 해왕성이 태양을 도는 행성들이다. 화성과 목성 사이에는 소행성이 흩어져 있다. 태양계 행성 중에서 목성이 가장 크고, 수성이 가장 작다. 화성의 지름은 약 6,800km로, 약 12,100km인 금성의 지름보다 작다. 지구의 지름은 약 12,756km로 금성의 지름 크기에 가장 가깝다.

위의 글을 읽고 알맞게 추론한 문장을 고르세요.

① 지구는 태양계의 중심입니다.

② 태양계에는 8개의 소행성만 있습니다.

③ 지구보다 작은 행성은 수성, 금성, 화성입니다.

④ 해왕성은 천왕성보다 태양에 더 가까이 있습니다.

앞의 글에 제시한 각 행성의 지름을 비교하면, ‘수성 < 화성 < 금성 < 지구’ 순이므로 지구보다 작은 행성은 수성, 금성, 화성이 맞아요. 그러므로 ③번이 올바른 추론이에요. ①번은, 첫 문장에 “태양계의 중심에는 태양이 있다.”라고 쓰여 있으므로 잘못된 추론이에요. ②번은, 글에는 소행성이 화성과 목성 사이에 흩어져 있다고 했지만, 정확한 개수는 언급되지 않았으므로 잘못된 추론이에요. ④번은, 글에 따르면 태양에서 가까운 순서는 천왕성, 해왕성이므로 잘못된 추론이에요.

### 이어 생각하기

(  )에 알맞은 수를 쓰세요.

태양의 지름(약 1,392,700km)은 지구의 지름(약 12,756km)보다 약 (      )배 크다.

# 언어



언어는 우리의 생각을 전하고 다른 사람과 소통하는 데 꼭 필요한 도구입니다. 유네스코는 "언어는 사람과 사람, 그리고 공동체를 이어주는 가장 중요한 매개체다."라고 했습니다. 우리말인 국어를 통해 우리는 다른 사람과 관계를 맺고 생각과 감정을 나눌 수 있습니다. 세종 대왕도 한글인 훈민정음을 만들며 "모든 사람이 쉽게 글자를 배워 자기의 뜻을 펼치게 하라."라고 했습니다. 국어는 우리 문화와 정신을 담고 있는 중요한 그릇입니다. 그러므로 우리는 국어를 아끼고 올바르게 사용하며, 다음 세대도 그 소중함을 알도록 노력해야 합니다.

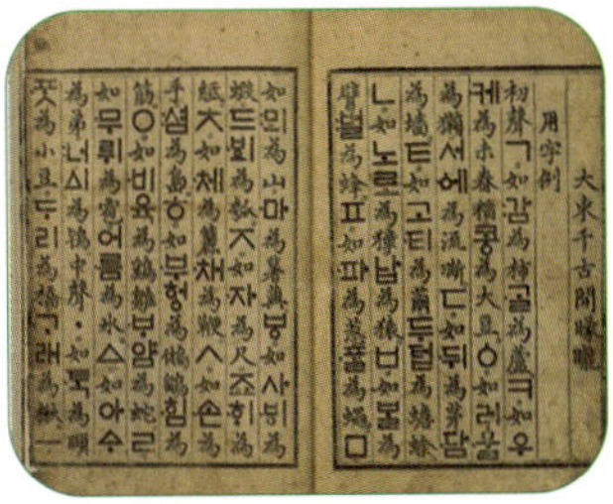

위의 글을 읽고 알맞게 추론한 문장을 고르세요.

① 한글은 매우 소중한 우리말입니다.

② 한글은 국어이지만 언어는 아닙니다.

③ 우리나라에서는 한글로만 의사소통합니다.

④ 한글로 쓴 「홍길동전」은 우리 문화를 담고 있습니다.

「홍길동전」은 우리나라 최초의 한글 소설로, 조선 시대의 사회 구조, 가치관, 그리고 당시 사람들의 생각과 문화를 잘 보여줘요. 앞의 글에 "국어는 우리 문화와 정신을 담은 중요한 그릇입니다."라는 내용이 있어서 한글로 적은 작품이 우리 문화를 담고 있다고 말할 수 있어요. 그러므로 ④번이 올바른 추론이에요. ①번은, 한글은 우리말이 아니라 우리글이므로 잘못된 추론이에요. ②번은, 한글은 글자이자 국어이고, 국어는 언어이므로 잘못된 추론이에요. ③번은, 우리나라에서는 한글로도 소통하지만, 한글이 아닌 우리말로 주로 소통하므로 잘못된 추론이에요.

이어 **생각하기**

우리나라 고전 소설이 아닌 작품에 ○표하세요.

「허생전」(　　)

「토끼전」(　　)

「서유기」(　　)

「구운몽」(　　)

## 지역 문제

사회

지역 문제는 지역 주민들의 삶에 불편함을 주거나 갈등을 일으키는 모든 문제를 말합니다. 교통 혼잡, 소음 문제, 환경 오염, 시설 부족, 주택 노후화, 안전 문제 등이 대표적인 예입니다. 지역 주민들의 삶을 불편하게 하는 다양한 문제들을 해결하기 위해서는 주민 참여와 협력이 필요합니다. 지역 문제 해결을 위해 정부, 공공기관, 전문가 등이 협력해야 합니다.

위의 글을 읽고 알맞게 추론한 문장을 고르세요.

① 지역 문제는 정부와 전문가만으로도 대부분 해결할 수 있습니다.

② 개인의 노력이나 주민 참여는 지역 문제 해결에 큰 영향을 미치지 않습니다.

③ 지역 문제 해결에는 주민, 정부, 전문가, 공공기관이 협력해야 합니다.

④ 교통 혼잡, 환경 오염과 같은 문제는 더 이상 지역 문제로 보지 않아도 됩니다.

앞의 글에서 지역 문제를 해결하기 위해 주민 참여와 협력이 필요하고, 정부, 공공기관, 전문가 등이 협력해야 한다고 언급했어요. 따라서 주민뿐 아니라 정부, 공공기관, 전문가 등 모두의 협력이 필요해요. 그러므로 ③번이 올바른 추론이에요. ①번은, 정부와 전문가만으로 해결할 수 있다고 단정 짓는 것은 글의 내용과 어긋나므로 잘못된 추론이에요. ②번은, 주민 참여는 지역 문제 해결에 핵심적인 요소이므로 잘못된 추론이에요. ④번은, 글에는 오히려 교통 혼잡, 소음, 환경 오염 등을 대표적인 지역 문제로 언급하고 있으므로 잘못된 추론이에요.

이어 **생각하기**

□에 알맞은 낱말을 쓰세요.

□□□ : 국회나 행정 기관에서 지역 문제 등, 중요한 일에 관하여 관련자나 주민의 의견을 듣기 위해 공개적으로 여는 회의.

## 분수 계산 2

수학

자연수에 ㉠분수를 뺄 때는 자연수를 ㉡분수로 바꾸어야 한다. 자연수를 분수로 바꿀 때는 더하거나 빼는 분수의 분모를 기준으로 하여 ㉢분모와 분자를 만들어야 한다. 자연수가 1보다 크고, 빼는 수가 진분수이면, 1만큼을 ㉣분수로 바꾸어 계산해야 한다. 빼는 수가 대분수라면 자연수와 대분수를 가분수로 바꾸어 계산하는 것도 좋다.

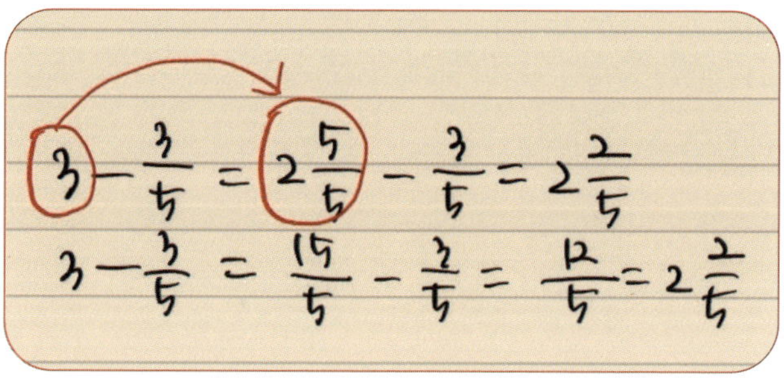


위의 글을 읽고 알맞게 추론한 문장을 고르세요.

① ㉠은 진분수만을 가리키는 말입니다.

② ㉡은 대분수만을 가리키는 말입니다.

③ ㉢은 진분수로 만든 분수를 가리키는 말입니다.

④ ㉣은 분자와 분모의 크기가 같은 분수를 말합니다.

자연수에서 진분수를 뺄 때, 계산하기 쉽게 1을 분수로 바꾸어 사용해요. 예를 들어, $5-\frac{2}{5}$를 계산할 때, 5를 4와 $\frac{5}{5}$로 바꾸어 $4\frac{5}{5}-\frac{2}{5}=4\frac{3}{5}$으로 계산해요. 그러므로 ④번이 올바른 추론이에요. ①번은, 글에 "자연수에 분수를 뺄 때"라는 표현이 나오는데, 이어지는 문장에서 대분수도 포함되어 있다는 설명이 있으므로 잘못된 추론이에요. ②번은, ㉡은 "자연수를 분수로 바꿀 때" 어떤 기준이 되는 분수의 분모를 따라야 한다는 뜻으로, 대분수와는 관계없으므로 잘못된 추론이에요. ③번은, ㉢은 "자연수를 분수로 바꿀 때는 더하거나 빼는 분수의 분모를 기준으로 하여 분모와 분자를 만든다."라고 했으므로, 분모와 분자가 같은 분수, 즉 1을 나타내는 분수를 의미하므로 잘못된 추론이에요.

이어 **생각하기**

(　　)에 알맞은 분수를 쓰세요.

$7-\frac{2}{3}=($　　　　　　　$)=($　　　　　　　$)$

## 생태계

과학

생태계는 마치 하나의 오케스트라 같아요. 동물, 식물, 균류는 각기 다른 악기를 연주하는 연주자이고, 햇빛, 물, 공기, 흙, 온도는 그 연주를 조화롭게 만드는 멋진 지휘자랍니다. 나무는 햇빛 지휘자의 지휘에 따라 공기를 맑게 하고, 동물들에게 쉼터를 제공하는 멋진 연주자예요. 곤충들과 균류는 우리가 보지 못하는 무대 뒤에서 열심히 연주하죠. 생물과 비생물은 서로 도우며 지구라는 위대한 작품을 만들어요. 우리가 사는 이 지구는 바로 이 놀라운 생태계가 만들어낸 아름다운 공연장이랍니다.

위의 글을 읽고 알맞게 추론한 문장을 고르세요.

① 균류는 오케스트라 무대 배경입니다.

② 햇빛은 생물 요소로서 생태계를 구성합니다.

③ 생물과 비생물이 생태계의 조화를 만듭니다.

④ 생태계를 오케스트라의 공연장으로 비유했습니다.

앞글의 “생물과 비생물은 서로 도우며 지구라는 위대한 작품을 만들어요.”라는 내용에서, 생물 요소(동물, 식물, 균류)와 비생물 요소(햇빛, 물, 공기, 흙, 온도)가 상호작용을 하며 생태계의 조화를 만들어낸다는 점을 추론할 수 있어요. 그러므로 ③번이 올바른 추론이에요. ①번은, 균류를 무대 뒤에서 연주하는 연주자로 비유했으므로 잘못된 추론이에요. ②번은, 햇빛은 비생물 요소에 해당하므로 잘못된 추론이에요. ④번은, 글에서 “아름다운 공연장”은 생태계가 만든 지구를 나타내므로 잘못된 추론이에요.

이어 **생각하기**

□에 알맞은 낱말을 쓰세요.

□□는 죽은 동물과 식물을 분해하여 생태계를 청소하고 흙을 비옥하게 미생물이다.

## 스마트폰

국어

요즈음 민수는 친구들이 스마트폰만 보느라 함께 놀 사람이 줄었다고 말한다. 지은이도 방과 후에 다들 스마트폰으로 게임만 하다 보니 대화도 줄었다며 공감했다. 그러자 현우는 스마트폰으로 정보를 찾을 수 있어서 좋다고 말했다. 하지만 민수는 영상 시청 시간이 늘어 중독될까 봐 걱정된다고 말했다. 지은이는 부모님이 스마트폰 사용 시간을 정해 준 친구들이 집중을 더 잘하는 것 같다고 덧붙였다.

위의 글을 읽고 알맞게 추론한 문장을 고르세요.

① 스마트폰 장점에 관한 글입니다.

② 스마트폰 사용으로 생긴 문제점에 관한 글입니다.

③ 스마트폰 사용 시간을 지키는 방법에 관한 글입니다.

④ 스마트폰이 집중력에 미치는 영향에 관한 글입니다.

앞의 글에서 민수는 스마트폰 사용으로 친구들과 놀 사람이 줄었다고 말했고, 지은이도 스마트폰 때문에 대화가 줄었다며 문제점을 언급했어요. 현우는 스마트폰 사용의 장점을 이야기하지만, 주제는 장점보다는 문제점과 걱정이에요. 민수는 영상 시청 중독을 걱정하고, 지은이는 시간 조절이 필요하다고 말했어요. 그러므로 ②번이 올바른 추론이에요. ①번은, 현우의 말만 관계있고, 글의 중심이 아니므로 잘못된 추론이에요. ③번은, 사용 시간을 정해 지키는 방법은 말하지 않고, 지은이가 짧게 언급하므로 잘못된 추론이에요. ④번은, 집중력은 지은이의 말에만 나오며, 중심 주제가 아니므로 잘못된 추론이에요.

이어 **생각하기**

스마트폰을 바람직하게 사용하는 방법이 <u>아닌</u> 문장에 밑줄 치세요.

스마트폰의 사용 목적을 정한다.

스마트폰의 사용 시간을 정한다.

스마트폰을 진동 모드로 설정한다.

스마트폰의 불필요한 알림을 끈다.

# 공산성

사회

공산성은 백제 시대에 만든 산성으로, 성에 왕이 살던 궁궐이 있었어요. 이 성은 약 110미터 정도 되는 산등성이를 따라 흙으로 쌓았어요. 백제, 고려, 조선 시대를 거치며 이름도 여러 번 바뀌었고, 돌로 성을 다시 쌓았어요. 성벽은 높고 튼튼하게 만들었고, 사방에 문을 내고 비밀 출입문도 지었어요. 백제 사람들은 높은 산에 궁궐을 지어 나라를 더 잘 지킬 수 있었어요. 공주에 있는 공산성 옆에 있는 옥녀봉성도 흙으로 둘러쌓은 성이었지만 지금은 붕괴해 원래 모습을 알기 어려워요.

위의 글을 읽고 알맞게 추론한 문장을 고르세요.

① 공산성은 공 모양을 닮은 성입니다.

② 공산성에는 출입문이 1개만 있습니다.

③ 지금의 공산성은 흙으로만 쌓은 성입니다.

④ 공산성은 공주의 공산에 지은 성입니다.

'공산성'이라는 이름은 지명이 포함된 이름으로 볼 수 있어요. 글에 '공산'이라는 산 이름이 언급되지는 않았지만, 공주에 있는 공산성이라는 정보를 통해 지명을 짐작할 수 있어요. 그러므로 ④번이 올바른 추론이에요. ①번은, '공산성'이라는 이름이 '공 모양'이라는 의미와 연결된다는 근거가 없으므로 잘못된 추측이에요. ②번은, 글에서는 '사방(동서남북)'에 문을 내고, 적에게 보이지 않는 '암문(비밀 문, 비상구)'도 지었다고 했으므로 잘못된 추론이에요. ③번은, 처음에는 흙으로 쌓았지만, 조선 시대에 돌로 다시 쌓았다고 했기 때문에 지금의 공산성은 돌로 만든 부분도 있으므로 잘못된 추론이에요.

### 이어 생각하기

(　　)에 알맞은 나라 이름을 쓰세요.

공산성은 (　　　　) 시대에는 '웅진성'이라고 불렀고, (　　　　) 시대 이후에는 '공산성'이라고 불렀다. (　　　　) 시대 인조 이후에는 느티나무와 말채나무가 있는 '쌍수산성'이라고 불렀다.

국어

## 오름

오름은 산, 산봉우리의 제주 방언이다. 오름은 제주도 전역에 분포하고 있는데 한 번의 분화 활동으로 만들어졌다. 한라산 정상의 백록담을 제외하고 제주도에 있는 200m 이하의 각 봉우리나 산은 대부분 오름이라고 부를 수 있다. 제주도에는 오름, 풀이 있는 땅, 그리고 나무들이 어우러진 탐방로가 많다. 그 길이 바로 올레길이다. 제주도에는 올레길이 각 방면 중간마다 이어져 있다. 또 오름의 곳곳에서 습지 군락도 볼 수 있다.

위의 글을 읽고 알맞게 추론한 문장을 고르세요.

① 오름은 표준국어대사전에 나오는 표준어입니다.

② 오름은 화산 활동으로 생긴 산과 산봉우리입니다.

③ 한라산은 제주도에서 가장 규모가 큰 오름입니다.

④ 오름에는 습기가 많은 축축한 땅이 없습니다.

앞의 글에서 "오름은 한 번의 분화 활동으로 만들어졌다."라고 했어요. 분화 활동은 화산이 폭발하거나 용암이 분출하는 것을 말하므로, 오름은 화산 활동으로 생긴 산이나 봉우리라고 추론할 수 있어요. 그러므로 ②번이 알맞은 추론이에요. ①번은, "오름은 산, 산봉우리의 제주 방언이다."라고 분명히 나와 있는데, 방언은 표준어가 아니므로 잘못된 추론이에요. ③번은, "한라산 정상의 백록담을 제외하고" 오름이라고 부른다고 했으므로 잘못된 추론이에요. ④번은, 글에서 "오름의 곳곳에서 습지 군락도 볼 수 있다."라고 했어요. 따라서 오름에도 습한 땅이 존재하므로 잘못된 추론이에요.

이어 **생각하기**

오름에 대한 설명으로 알맞지 <u>않은</u> 문장에 밑줄 치세요.

오름은 제주도에 분포하는 작은 화산체이다.

오름은 제주도에 약 100개가 분포되어 있다.

오름마다 전설과 신화가 전해진다.

오름은 제주도의 자연과 문화의 상징이다.

## 세 종류의 생물

과학

세상에는 서로 다른 방식으로 살아가는 세 종류의 중요한 생물이 있어요. 먼저, 생산자는 마치 태양을 먹어 에너지를 만들어내는 '에너지 요리사'와 같아요. 식물이 대표적인 생산자인데, 햇빛, 물, 공기를 사용해 맛있는 영양소를 만들어 내지요. 반면에 소비자는 다른 생물을 먹이로 삼는 탐험가예요. 초식 동물, 육식 동물 모두 먹이를 찾아다니며 에너지를 얻으니까요. 마지막으로, 분해자는 자연 속에서 청소부처럼 죽은 생물의 잔해를 정리하며 양분을 얻지요. 이 세 종류의 생물 친구가 함께 일하며 자연은 멋진 생태계를 유지해 나가요.

위의 글을 읽고 알맞게 추론한 문장을 고르세요.

① 생산자는 햇빛을 이용해 양분을 만듭니다.

② 소비자는 스스로 양분을 만듭니다.

③ 분해자는 소비자와 같은 일을 합니다.

④ 생산자, 소비자, 분해자는 서로 독립적입니다.

앞의 글에서 생산자를, 태양을 먹어 에너지를 만들어내는 '에너지 요리사'라고 비유했어요. 생산자인 식물은 햇빛, 물, 공기를 이용한다는 내용이 명확히 나와 있어요. 그러므로 ①번이 올바른 추론이에요. ②번은, 소비자는 다른 생물을 먹이로 삼아 에너지를 얻는다고 글에 나와 있으므로 잘못된 추론이에요. ③번은, 분해자는 죽은 생물을 분해하며 자연을 정리한다고 설명하고 있으므로 잘못된 추론이에요. ④번은, 생산자, 소비자, 분해자가 함께 생태계를 유지한다고 설명하고 있으므로 잘못된 추론이에요.

이어 **생각하기**

앞글의 '에너지 요리사'는 다음 중 어떤 소비자에게 가장 많은 에너지를 제공할까요? 그 소비자에게 ○표하세요.

족제비 (  )

코뿔소 (  )

송골매 (  )

구렁이 (  )

## 학교

아침부터 학교가 나를 끌어당긴다.
학교는 작은 지구다.
칠판은 북극.
운동장은 사막.
도서관은 깊은 바다.
친구들은 숲속의 동물처럼
서로 다른 말과 눈빛으로 지구를 살아간다.
나는 오늘도 작은 지구를 탐험하러 등교한다.

위의 시를 읽고 알맞게 추론한 문장을 고르세요.

① 학생이 공부하는 장면이 떠오릅니다.

② 학생이 독서하는 장면이 떠오릅니다.

③ 학생이 달리기하는 장면이 떠오릅니다.

④ 학생이 학교에 가는 장면이 떠오릅니다.

제시한 시의 마지막 행 "나는 오늘도 작은 지구를 탐험하러 등교한다."에서 '등교한다'라는 표현을 통해 학생이 학교에 가는 모습을 분명하게 나타내고 있어요. 그러므로 ④번이 올바른 추론이에요. ①번은, "칠판"이 등장하지만, 칠판은 북극에 비유된 것이며 공부하는 장면은 나오지 않으므로 잘못된 추론이에요. ②번은, "도서관은 깊은 바다"라고 표현했지만, 독서하는 장면은 없으므로 잘못된 추론이에요. ③번은, "운동장은 사막"이라는 비유는 있지만, 학생이 실제로 달리고 있다는 내용은 시에 없으므로 잘못된 추론이에요.

이어 **생각하기**

시의 "칠판은 북극. / 운동장은 사막. / 도서관은 깊은 바다."처럼 (　　)에 비유해 보세요.

수도꼭지는 (　　　　　　　　　　　　　　　　　　　)

교문은 (　　　　　　　　　　　　　　　　　　　)

## 환경

사회

환경은 우리가 살아가는 데 영향을 주는 주변의 모든 것을 말해요. 지형, 기후, 햇빛, 공기, 물, 흙, 산처럼 자연 그대로의 것을 자연환경이라고 해요. 도로, 건물, 교통, 학교처럼 사람이 만든 것은 인문환경이라고 해요. 우리는 환경의 도움을 받으며 살지만, 때로는 환경을 바꾸며 살아가기도 해요. 그래서 인간은 인간이 바꾼 환경의 영향을 받아요. 추운 날에는 옷을 더 입고, 더운 날에는 해수욕장에 가요. 환경은 그냥 그대로 있는 것이 아니라, 우리와 함께 살아 움직이는 친구 같아요.

위의 글을 읽고 알맞게 추론한 문장을 고르세요.

① 자연환경은 변화하지 않습니다.

② 태양은 인문환경에 영향을 줍니다.

③ 인문환경은 자연환경에 영향을 미치지 않습니다.

④ 인간은 자연환경을 바꿀 수 없습니다.

앞의 글에서 "햇빛"이 자연환경에 포함된다고 했고, 비록 인문환경과 태양의 직접적 관계를 언급하지 않았지만, 태양(햇빛)은 사람이 만든 건물, 도로, 생활 방식 등 인문환경에도 큰 영향을 주므로 ②번이 올바른 추론이에요. ①번은, 환경을 바꾸며 살아가기도 한다고 했으므로 잘못된 추론이에요. 자연환경인 산을 깎아서 평지를 만들 수 있어요. ③번은, 도로, 건물, 공장 등 인문환경은 강, 하천, 바다, 산, 토양 같은 자연환경에 직접적인 영향을 미치므로 잘못된 추론이에요. ④번은, 글에 "환경을 바꾸며 살아가기도 해요."라고 나와 있으므로 잘못된 추론이에요.

이어 **생각하기**

낱말을 읽고 자연환경에는 (자연), 인문환경에는 (인문)이라고 (　)에 쓰세요.

다목적 댐 (　　　　)

비버가 만든 댐 (　　　　)

태양열 (　　　　)

태양열 발전 (　　　　)

전등 (　　　　)

# 음표

수학

음표는 악보에서, 음의 장단과 고저를 나타내는 기호이다. 온음표는 음길이가 가장 긴 음표로 이분음표의 두 배의 길이이며, 4박자이다. 점음표는 머리 오른쪽에 작은 점이 있는 음표이다. 점이분음표는 3박자로 점사분음표의 두 배의 길이다. 이분음표는 온음표의 2분의 1 길이를 나타내는 음표이고, 사분음표는 온음표의 4분의 1의 길이를 나타내는 음표이다. 팔분음표는 온음표의 8분의 1의 길이를 나타내는 음표이고, 십육분음표는 온음표의 16분의 1의 길이를 나타내는 음표이다.

위의 글을 읽고 알맞게 추론한 문장을 고르세요.

① 점팔분음표는 점사분음표 길이의 절반입니다.

② 악보에 십육분음표가 많으면 곡이 느립니다.

③ 삼십이분음표는 십육분음표 길이의 2배입니다.

④ 점사분음표는 사분음표 길이의 1.5배입니다.

점사분음표는 사분음표에 점이 추가된 음표로, 사분음표의 1.5배의 길이를 나타내요. 사분음표가 1박이고, 점사분음표가 1박 반(1.5박)이기 때문이에요. 그러므로 ④번이 올바른 추론이에요. ①번은, 점팔분음표의 길이는 팔분음표(사분음표의 절반)×1.5배이며, 이는 점사분음표의 절반이 아니므로 잘못된 추론이에요. ②번은, 십육분음표는 짧은 음표로 빠르게 연주되기 때문에 십육분음표가 많으면 곡이 빠르게 진행될 가능성이 높으므로 잘못된 추론이에요. ③번은, 삼십이분음표는 십육분음표의 절반 길이이지 2배가 아니므로 잘못된 추론이에요.

이어 **생각하기**

(    )에 알맞은 낱말을 쓰세요.

$\frac{4}{4}$ 박자인 「애국가」의 첫째 마디의 가사 '동'이 사분음표, '물'이 팔분음표, '과'가 사분음표라면, '해'는 (                    )이다.

## 이삭귀개

과학

이삭귀개와 끈끈이주걱은 우리나라와 일본에 사는 풀이다. 이삭귀개는 한해살이풀로, 잎은 주걱 모양이다. 자주색 또는 푸른색 꽃이 피고, 뿌리에 벌레를 잡는 주머니가 있다. 끈끈이주걱은 여러해살이풀로, 잎은 뿌리에서 뭉쳐나고 끈끈한 액체를 내어 벌레를 잡는다. 파리지옥은 여러해살이풀로 잎은 뿌리에서 뭉쳐나고 원형 또는 심장 모양이다. 흰 꽃이 피고 잎의 감각모에 개미, 파리 따위의 벌레가 닿으면 급히 닫아 잡아먹는다. 파리지옥은 북아메리카의 노스캐롤라이나주와 사우스캐롤라이나주가 원산지이다.

위의 글을 읽고 알맞게 추론한 문장을 고르세요.

① 이삭귀개와 파리지옥의 원산지는 같습니다.

② 이삭귀개는 동물에서 양분을 얻는 생산자이자 소비자입니다.

③ 끈끈이주걱은 벌레를 잡는 분해자입니다.

④ 이삭귀개와 끈끈이주걱은 먹이를 잡는 방법이 같습니다.

이삭귀개는 동물을 잡아 양분을 얻기 때문에 소비자의 특징을 가지고 있으며, 광합성을 통해 스스로 양분을 만들어서 생산자이기도 해요. 그러므로 ②번은 올바른 추론이에요. ①번은, 이삭귀개는 우리나라와 일본, 파리지옥은 북아메리카가 원산지이므로 잘못된 추론이에요. ③번은, 끈끈이주걱은 벌레를 잡아 양분을 얻는 소비자이며 생산자이지만, 죽은 생물의 잔해를 분해하는 분해자는 아니므로 잘못된 추론이에요. ④번은, 이삭귀개는 뿌리에 있는 주머니로 벌레를 잡고, 끈끈이주걱은 끈적거리는 잎으로 벌레를 잡으므로 잘못된 추론이에요.

**이어 생각하기**

식충 식물에 모두 ○표하세요.

땅귀개 (　　)

말미잘 (　　)

통발 (　　)

칡 (　　)

## 이메일

국어

우리는 자주 이메일을 받지만, 그중 대부분은 확인 후 지우지 않고 그대로 둡니다. 그런데 이메일을 그대로 두면 인터넷 서버에 에너지가 계속 사용된다는 사실을 알고 있나요? 이 에너지는 탄소 배출로 이어져 지구 온난화에 영향을 줄 수 있어요. 특히 광고나 스팸 메일처럼 필요 없는 이메일은 지우는 것이 탄소 절감에 도움이 됩니다. 이메일 1통을 지우는 것만으로도 전기와 탄소를 줄이는 데 효과가 있다고 해요. 우리가 실천할 수 있는 작고 쉬운 행동이지만, 실천하면 큰 변화를 만들 수 있겠지요?

위의 글을 읽고 알맞게 추론한 문장을 고르세요.

① 모든 이메일은 받는 즉시 삭제해야 합니다.

② 에너지를 만들 때 산소가 발생합니다.

③ 이메일과 탄소 절감은 관계없습니다.

④ 불필요한 이메일을 지우면 에너지를 절감합니다.

앞의 글에서 이메일을 계속 저장하면 서버에 에너지가 계속 사용되고, 이것이 탄소 배출과 지구 온난화로 이어진다고 설명했어요. 따라서 불필요한 이메일을 지우는 것이 에너지 절감에 도움이 돼요. 그러므로 ④번이 올바른 추론이에요. ①번은, 글에서는 '광고나 스팸 메일 같은 불필요한 이메일'을 삭제하자고 했지, 모든 이메일을 삭제하라고 하지는 않았으므로 잘못된 추론이에요. ②번은, 전기와 같은 에너지를 생산할 때, 산소를 소비하거나 탄소를 배출하므로 잘못된 추론이에요. ③번은, 글에서는 이메일 저장이 에너지 사용으로 이어지고, 이것이 탄소 배출과 지구 온난화에 영향을 준다고 명확히 설명했으므로 잘못된 추론이에요.

이어 **생각하기**

'작은 행동이 큰 변화를 만든다.'와 비슷한 속담이 있습니다. □에 알맞은 낱말을 써서 그 속담을 완성하세요.

□□ 모아 □□

## 상전벽해

사회

'상전벽해'는 뽕나무밭이 변해 푸른 바다가 된다는 뜻으로, 세상일의 변천이 심하다는 말이에요. 논, 밭, 산이 있던 자리에 아파트를 짓고, 산을 깎아 터널을 뚫어 도로를 만들어요. 바다를 메워 간척지를 만들고, 그곳에 공장을 세우고 논을 만들어요. 산에 태양광 패널을 설치해 전기를 얻고, 높은 산이나 바람이 센 바다에 풍력 발전기를 설치해요. 강을 막아 댐을 만들고, 바닷가에 조력 발전소를 설치해요. 땅을 파서 쓰레기를 묻지만, 땅을 파서 광석을 캐요.

위의 글을 읽고 알맞게 추론한 문장을 고르세요.

① 사람들은 환경 보호를 위해 환경을 변화시킵니다.

② 사람들은 안전한 생활을 위해 환경을 개발합니다.

③ 사람들은 생활을 위해 환경을 다양하게 이용합니다.

④ 사람들은 환경을 개선하기 위해 환경을 활용합니다.

앞의 글에서 아파트 건설, 터널 공사, 간척지 조성, 태양광·풍력·수력 발전소 설치 등을 통해 자연환경을 변화시키며, 생활에 이용하고 있다는 점을 설명하고 있어요. 그러므로 ③번이 올바른 추론이에요. ①번은, 환경 보호 목적보다는 생활을 우선한 개발과 이용을 중심으로 설명하고 있으므로 잘못된 추론이에요. ②번은, '안전'이라는 낱말은 이 글의 중심 단어가 아니므로 잘못된 추론이에요. ④번은, 글에는 더 낫게 바꾸는 개선에 관한 내용보다는 이용과 개발을 강조하고 있으므로 잘못된 추론이에요.

이어 **생각하기**

대표적인 화석연료인 석탄, 석유, 천연가스가 일으키는 큰 문제점에 모두 밑줄 치세요.

지구의 대기를 오염시킨다.

지구의 수질과 토양을 오염시킨다.

재생 에너지 개발을 촉진한다.

온실가스를 배출하여 지구 온난화를 늦춘다.

## 수직과 평행

수학

수직과 평행은 평면에서 두 직선의 기본적인 관계를 이해하는 데 중요하다. 평면 위의 두 직선은 만나는 경우와 만나지 않는 경우로 나뉜다. 두 직선이 만나는 때는 수직으로 만나는 경우와 수직이 아닌 경우로 나눌 수 있다. 만나지 않는 경우는 두 직선이 평행한 경우와 평행하지 않은 경우이다. 두 직선이 만나 직각을 이루는 상황을 수직, 직교라고 하며, 이때 한 직선에 대해 수직으로 만나는 직선을 수선이라고 한다. 수직과 평행의 개념은 직사각형과 평행사변형과 같은 다각형을 정의하거나 그 성질을 이해하는 데 필수적인 개념이다.

위의 글을 읽고 알맞게 추론한 문장을 고르세요.

① 서로 만나지 않는 두 직선은 항상 직교합니다.

② 수직 관계는 두 직선이 평행할 때 성립합니다.

③ 두 직선이 이루는 각이 직각일 때 수직입니다.

④ 평행사변형은 수직 관계로만 설명할 수 있습니다.

'수직'은 두 직선이 만나서 직각인 90°를 이룰 때를 말해요. 글에서도 "두 직선이 만나 직각을 이루는 상황을 수직, 직교라고 하며"라고 했어요. 그러므로 ③번이 올바른 추론이에요. ①번은, 직교(수직)는 직선이 서로 만나야 가능한 관계이므로 잘못된 추론이에요. ②번은, 두 직선이 평행하면 만나지 않기 때문에 수직이 될 수 없으므로 잘못된 추론이에요. ④번은, 평행사변형은 이름 그대로 평행한 관계에 따라 설명할 수 있으며, 직사각형이나 정사각형은 수직 관계로 설명되므로 잘못된 추론이에요.

이어 **생각하기**

직교와 평행이 모두 있는 도형에 밑줄 치세요.

평행사변형

마름모

직각삼각형

직사각형

# 먹이사슬

과학

먹이사슬은 자연이 짠 생명의 사슬이에요. 먼저, 메뚜기는 벼를 맛있게 먹으면서 배를 채워요. 그런데 개구리가 나타나 메뚜기를 한입에 먹어 버리죠. 이번에는 개구리가 조금 쉬려 하자, 뱀이 날름 삼켜 버리죠. 이어서 하늘에서 매가 날아와 뱀을 낚아채요. 이렇게 생물들은 서로 먹고 먹히면서 에너지를 주고받아요. 결국 먹이사슬이 생태계를 균형 있게 유지하는 비밀 도구가 되는 거예요.

위의 글을 읽고 알맞게 추론한 문장을 고르세요.

① 메뚜기는 먹이사슬의 끝에 있습니다.

② 매는 에너지를 얻는 최종 단계에 있습니다.

③ 먹이사슬은 생물이 서로 연결된 관계입니다.

④ 먹이사슬이 끊어져도 생태계는 변하지 않습니다.

먹이사슬은 생물들이 먹고 먹히면서 에너지와 양분을 주고받는, 연결된 관계예요. 그러므로 ③번이 올바른 추론이에요. ①번은, 메뚜기는 곤충으로, 생산자인 식물에 가까운 위치에 있고, 먹이사슬의 끝에는 최상위 포식자인 매가 위치하므로 잘못된 추론이에요. ②번은, 매는 먹이사슬의 최상위 포식자는 맞지만, 에너지를 얻는 최종 단계에 있다는 표현은 정확하지 않으므로 잘못된 추론이에요. 에너지는 먹이사슬을 통해 계속 순환하므로 '최종'이라는 표현은 부적절해요. 매도 한순간에 사람에게 잡힐 수 있어요. ④번은, 먹이사슬이 생태계를 "균형 있게 유지하는 비밀 도구"라고 설명했는데, 먹이사슬이 끊어지면 균형이 깨지고 생태계 전체에 영향을 미칠 수 있으므로 잘못된 추론이에요.

이어 **생각하기**

(　　)에 알맞은 생물을 쓰세요.

벼, 메뚜기, 개구리, 뱀, 매의 먹이사슬에서, 만약 매가 사라진다면, (　　　　　　)의 개체 수는 줄어들고, (　　　　　)의 개체 수는 늘어날 것이다.

## 단톡방

국어

친구 단톡방에 "안경잡이 태현이 또 꾸벅꾸벅 졸더라. ㅋㅋ" 하고 올렸어요. 태현이는 아무 말 없이 단톡방에서 나가버렸고, 단톡방은 조용해졌어요. 그제야 민재는 장난으로 쓴 말이 친구에게 상처가 되었음을 느꼈어요. "그냥 웃자고 한 말이었는데…" 민재는 후회가 밀려왔어요. 그날 밤, 민재는 태현이에게 "미안해. 내가 생각 없이 말했어. 기분 상하게 해서 정말 미안해."라고 문자를 보냈어요. 다음 날, 태현이는 짧게 "알겠어. 다음부턴 그러지 마."라고 답했지만, 민재는 진심을 담은 말이 얼마나 중요한지 깊이 깨달았어요.

위의 글을 읽고 알맞게 추론한 문장을 고르세요.

① 속담 '입이 도끼날 같다'와 관계있습니다.

② 속담 '입이 광주리만 하다'와 관계있습니다.

③ 속담 '입이 천 근 같다'와 관계있습니다.

④ 속담 '입이 열 개라도 할 말이 없다'와 관계있습니다.

'입이 열 개라도 할 말이 없다.'라는 속담은 자기가 한 말이 누군가에게 상처를 주었다는 사실을 깨닫고 후회하는 민재의 상황과 딱 맞는 표현이에요. 이 속담은 잘못이 명백히 드러나 변명의 여지가 없음을 비유적으로 이르는 말이에요. 그러므로 ④번이 올바른 추론이에요. ①번은, 바른말을 매우 날카롭게 거침없이 한다는 뜻이므로 잘못된 추론이에요. ②번은, 음식을 많이 먹는 모양을 비유적으로 이르거나, 잔뜩 화가 난 모양을 비유적으로 이르는 말이므로 잘못된 추론이에요. ③번은, 입이 매우 무거워 말을 조심스럽게 하고 무게 있게 한다는 뜻이므로 잘못된 추론이에요.

이어 **생각하기**

'말이란 같은 내용이라도 표현에 따라서 다르게 들린다.'라는 뜻을 담고 있는 속담에 밑줄 치세요.

말로 주고 되로 받는다.

말 안 하면 귀신도 모른다.

말이란 아 해 다르고 어 해 다르다.

말이 많으면 쓸 말이 적다.

## 환경 문화

사회

아파트와 도로, 상업 시설이 늘어나면서 편의 시설과 병원이 확충되어 생활이 편리해졌다. 하지만 그 과정에서 숲은 사라지고 도롱뇽의 서식지도 함께 사라졌다. 인구가 늘어나면서 직업의 종류도 다양해졌고, 지역 경제는 활기를 띠게 되었다. 하지만 그러면서 교통 체증이 심해졌고, 자동차 매연과 공장 폐수로 인해 공기와 하천이 오염되는 문제가 생겼다. 높은 빌딩은 즐비하지만, 억새밭에 지는 노을을 감상하는 풍경은 사라졌다. 환경 개발이 사람들의 삶을 편리하게 만들지만, 자연과 함께 살아가는 방법을 잊지 않는 지혜도 우리에게 필요하다.

위의 글을 읽고 알맞게 추론한 문장을 고르세요.

① 촌락의 발전 과정을 설명했습니다.

② 자연환경과 더불어 살아가는 방법을 설명했습니다.

③ 자연환경을 조화롭게 이용하는 방법을 설명했습니다.

④ 환경 개발의 긍정적 변화와 부정적 변화를 설명했습니다.

앞의 글은 환경 개발로 인한 생활의 편리함, 직업 증가 등 긍정적 변화와 자연 파괴, 오염 등 부정적 변화를 모두 다루고 있어요. 그러므로 ④번이 올바른 추론이에요. ①번은, 이 글은 '도시 개발'과 관련된 내용으로, 존락의 발전 과정을 서술한 것은 아니므로 잘못된 추론이에요. ②번은, 마지막 문장에서 제안하긴 하지만, 이 글의 주된 내용은 아니므로 잘못된 추론이에요. ③번은, 이 글은 환경 개발 이후의 변화에 관한 설명이 중심이므로 잘못된 추론이에요.

이어 **생각하기**

□에 알맞은 낱말을 쓰세요.

도시의 무질서한 확산 방지와 도시의 자연환경 보전을 위하여 도시 개발을 제한하도록 지정한 구역을 □□□□라고 한다.

## 사각형

수학

사각형은 다양하다. 한 쌍의 마주 보는 변이 평행한 사각형은 사다리꼴이고, 평행한 두 변 중 어느 하나의 양 끝 각의 크기가 같은 사다리꼴은 등변사다리꼴이다. 평행사변형은 서로 마주 대하는 두 쌍의 변이 각각 평행이다. 마름모는 네 변의 길이가 같고, 두 쌍의 마주 보는 변이 서로 평행하며, 두 대각선이 중점에서 서로 수직으로 만난다. 내각이 모두 직각인 사각형은 직사각형이며, 변의 길이와 내각의 크기가 모두 같은 사각형은 정사각형이다.

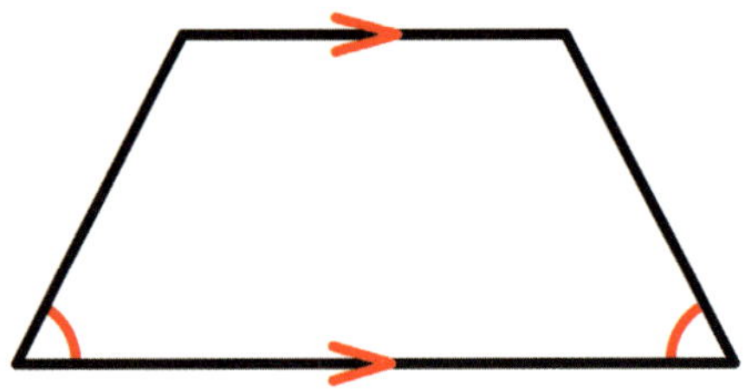

위의 글을 읽고 알맞게 추론한 문장을 고르세요.

① 평행사변형의 대각선 길이는 항상 같습니다.

② 등변사다리꼴은 꼭짓점의 각이 모두 같습니다.

③ 모든 마름모의 대각선은 수직으로 만납니다.

④ 이 글에 나오는 사각형의 모든 내각은 직각입니다.

앞의 글에서, 마름모의 정의 중 하나로 "두 대각선이 중점에서 서로 수직으로 만난다."라는 내용이 있어요. 이것은 마름모의 중요한 특징 중 하나예요. 그러므로 ③번이 올바른 추론이에요. ①번은, 평행사변형의 대각선이 같다고 할 수 있는 경우는 '직사각형'처럼 모든 내각이 90°라는 특별한 조건이 있을 때이므로 잘못된 추론이에요. ②번은, 등변사다리꼴에서 평행한 두 변의 양 끝 각은 같을 수 있지만, 꼭짓점 네 각이 모두 같지는 않으므로 잘못된 추론이에요. ④번은, 글에 나오는 마름모, 사다리꼴, 평행사변형 등의 사각형에는 직각이 아닌 내각도 존재하므로 잘못된 추론이에요.

이어 **생각하기**

( )에 알맞은 낱말을 쓰세요.

사각형 중에서 ( ), 평행사변형, ( )은 모두 평행사변형이라는 점에서 공통점을 가지며, 모두 두 쌍의 대변이 각각 평행하고, 대각선이 중점에서 만난다.

## 플라스틱 제품

과학

플라스틱 제품의 과도한 사용은 생물들에게 치명적인 피해를 준다. 해양 생물들이 플라스틱을 섭취하면서 생명에 위협을 받거나, 플라스틱 조각에 얽히기도 한다. 물, 땅, 공기, 식물에서도 발견되는 미세 플라스틱은 먹이 그물을 통해 인간에게 영향을 미친다. 이러한 문제는 생물 다양성을 감소시키고 생태계의 균형을 무너뜨리며, 결국 인간의 건강에도 부정적인 영향을 미치게 된다. 따라서 우리는 플라스틱의 사용을 줄이고, 지속 사용이 가능한 대안 물질을 찾아야 한다.

위의 글을 읽고 알맞게 추론한 문장을 고르세요.

① 모든 생물은 플라스틱을 싫어합니다.

② 미세 플라스틱은 동물에게만 영향을 미칩니다.

③ 인간의 활동은 생태계에 깊은 영향을 미칩니다.

④ 친환경 플라스틱 사용은 생태계에 무해합니다.

앞의 글에는 플라스틱 제품과 미세 플라스틱이 생물과 인간의 건강에 부정적인 영향을 미친다는 내용이 있어요. 이것은 인간의 활동이 생태계에 큰 영향을 미친다는 주장을 뒷받침해요. 그러므로 ③번이 알맞은 추론이에요. ①번은, 글에서 플라스틱에 대한 특정 생물의 반응에 관한 내용은 없으므로 잘못된 추론이에요. ②번은, 미세 플라스틱이 식물에서도 발견된다는 것은, 식물에도 영향을 미치는 것이므로 잘못된 추론이에요. ④번은, '친환경 플라스틱'이라는 구체적인 논의가 글에서 다뤄지지 않았으며, 전반적으로 플라스틱의 과도한 사용이 문제라는 내용을 비춰볼 때 잘못된 추론이에요.

### 이어 생각하기

(　　)에 알맞은 낱말을 쓰세요.

생태계에서 여러 생물의 먹이 사슬이 가로세로로 얽혀서, 복잡하게 이루어져 있는 먹이 관계를 (　　　　　　　　　)이라고 한다.

국어

## 순천만

물결 따라 갈대가 속삭인다.

“우린 여전히 이 자리야, 변한 건 없어.”

흑두루미가 조용히 내려앉고 짱뚱어는 펄에서 높이뛰기를 한다.

전봇대조차 물러난 이곳에 해오라기, 쇠기러기, 저어새도 돌아왔다.

사람들이 말한다.

“개발 안 했더니 순천만이 웃어요.”

순천만이 말한다.

“그래서 너희도 웃잖아.”

위의 글을 읽고 알맞게 추론한 문장을 고르세요.

① 순천만은 자연과 단절되며 변화했습니다.

② 순천만은 사람들이 떠나 자연만 남은 곳입니다.

③ 순천만은 개발을 멈춰 자연과 사람이 함께 웃는 곳입니다.

④ 순천만에는 철새들이 떠나고 다시 돌아오지 않았습니다.

앞의 글에서 순천만의 갈대가 “우린 여전히 이 자리야, 변한 건 없어.”라고 말했고, 개발하지 않고 자연을 지킨 결과, 흑두루미, 해오라기 등 다양한 생물이 돌아왔다고 했으며, “그래서 너희도 웃잖아.”는 인간과 자연이 함께 기뻐하고 있다는 뜻이므로 ③번이 올바른 추론이에요. ①번은, “변한 건 없어.”라고 표현하며 자연이 잘 보존되었다고 강조하고 있으므로 잘못된 추론이에요. ②번은, 사람들은 “순천만이 웃어요.”라고 말하고 있어서 여전히 관심을 가지고 찾아오고 있으므로 잘못된 추론이에요. ④번은, 글에서는 다양한 철새들이 돌아왔다고 표현했으므로 잘못된 추론이에요.

이어 **생각하기**

순천만의 특징에 대한 설명으로 알맞은 내용에 밑줄 치세요.

순천만은 매우 작고 하얀 모래로 이루진 백사장이다.

순천만은 대한민국 최대 규모의 자연 내륙 습지이다.

세계 5대 연안습지 중 하나인 순천만에는 국가 정원이 있다.

순천만은 홍수 시 수위가 크게 상승해 생태에 영향을 준다.

수학

# 모눈종이

모눈종이 한 장의 전체 크기가 1일 때, 모눈종이의 가장 작은 한 칸의 크기가 0.01이므로 모눈종이의 가장 작은 한 칸의 크기는 $\frac{1}{100}$과 같고, 0.01 크기의 칸은 100개가 있다. 분모가 100의 자리인 분수를 소수로 나타내면, 소수 둘째 자리까지 나타낼 수 있으므로, 대분수 $15\frac{71}{100}$은 15.71과 같다. 대분수에 있는 자연수 15는 십의 자리와 일의 자리로 나타낸다. 대분수가 아닌 $\frac{11}{100}$과 같은 분수는 '영 점 일일'이라고 읽고, 0.11로 쓴다. 0.11은 0.01이 11개이다.

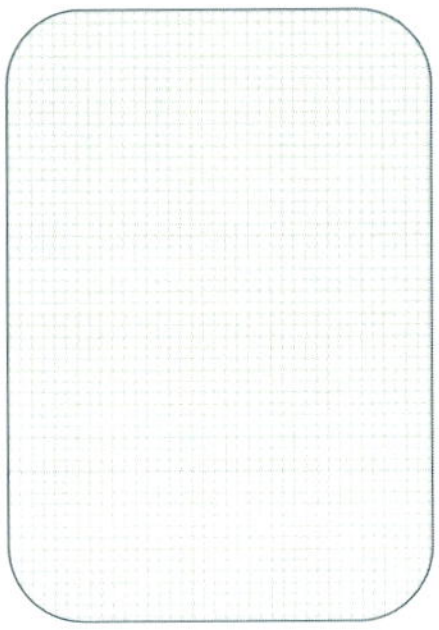

위의 글을 읽고 알맞게 추론한 문장을 고르세요.

① 모눈종이 한 장에 가장 작은 칸은 10개가 있습니다.

② 0.11은 모눈종이의 작은 칸 110개와 같습니다.

③ 소수 둘째 자리의 소수는 분모가 100인 분수로 나타낼 수 있습니다.

④ 대분수의 자연수는 소수 첫째 자리에 나타냅니다.

앞의 글에서 “분모가 100의 자리인 분수를 소수로 나타내면, 소수 둘째 자리까지 나타낼 수 있다.”라고 했어요. 이 말을 바꾸면, 소수 0.11은 분수로 $\frac{11}{100}$이 되는 거예요. 그러므로 ③번이 알맞은 추론이에요. ①번은, 모눈종이의 전체 크기가 1일 때, 0.01인 작은 칸은 100개가 있으므로 잘못된 추론이에요. ②번은, 0.11은 모눈종이의 작은 칸 11개에 해당하므로 잘못된 추론이에요. ④번은, 글에서 대분수의 두 자리 자연수는 십의 자리와 일의 자리로 나타낸다고 했으므로 잘못된 추론이에요.

이어 **생각하기**

(　　)에 알맞은 수를 쓰세요.

1m는 $\frac{1}{1000}$km이며 소수로는 (　　　　　　)km이다.

1.512km는 $1\frac{512}{1000}$km이므로 (　　　　　　)m와 같다.

## 공기의 무게

과학

공기의 무게는 풍선으로 확인할 수 있어요. 공기 주입기로 공기를 가득 넣은 풍선은 넣기 전보다 무게가 늘어나요. 공기를 넣은 풍선을 손으로 치면 공중에 잠시 떠 있어요. 놀이동산에서 산 은박 풍선은 놓치면 하늘로 날아가요. 기체의 무게가 다르기 때문이에요. 뜨거운 죽이 담긴 일회용 용기 뚜껑은 부풀어 오르지만, 시간이 지나면 부푼 뚜껑이 원래대로 돌아가요.

위의 글을 읽고 알맞게 추론한 문장을 고르세요.

① 공기를 가득 넣은 풍선을 가만히 두면 하늘로 날아갑니다.

② 놀이동산에서 산 은박 풍선에는 공기보다 가벼운 기체가 들어 있습니다.

③ 온도가 높으면 기체의 부피는 줄어듭니다.

④ 공기는 무게를 잴 수 없습니다.

놀이동산에서 파는 은박 풍선에는 헬륨이 들어 있어요. 헬륨은 공기보다 가벼워서 하늘로 떠올라요. 이 사실은 은박 풍선에 들어 있는 기체가 공기보다 더 가볍다는 것을 추론할 수 있어요. 그러므로 ②번이 올바른 추론이에요. ①번은, 공기의 무게로 인해 풍선은 하늘로 날아가지 않으므로 잘못된 추론이에요. ③번은, 온도가 높아지면 기체의 부피는 증가하기 때문에 잘못된 추론이에요. ④번은, 공기는 무게가 있으며, 공기를 측정하는 방법이 많으므로 잘못된 추론이에요.

이어 **생각하기**

열기구가 떠오르는 원리에 대한 설명으로 알맞은 문장에 밑줄 치세요.

열기구는 은박 풍선처럼 헬륨 가스를 주입하여 떠오른다.

열기구는 상승 기류를 타는 기술로 떠오른다.

열기구는 가열한 공기의 부피가 증가하여 떠오른다.

열기구는 비행 엔진의 출력 에너지로 떠오른다.

## 기체들

과학

산소는 병원에서 환자가 숨을 잘 쉬게 돕고, 철제 용접을 잘 되게 한다. 이산화탄소는 탄산음료의 맛을 청량하게 만들고, 물질이 불에 타는 것을 막는다. 질소는 대기의 약 78%를 차지하며, 과자를 포장할 때 쓰인다. 수소는 친환경 자동차의 에너지로 이용되는데, 사용 후에는 수증기가 나온다. 헬륨은 풍선을 부풀리거나 비행선에 사용되는데 가벼운 기체 덕분에 하늘로 떠오르는 재미를 느끼게 해 준다.

위의 글을 읽고 알맞게 추론한 문장을 고르세요.

① 산소는 물질을 잘 타지 않게 합니다.

② 이산화탄소는 마시면 건강에 해롭습니다.

③ 수소 자동차는 지구 생태계를 덜 파괴합니다.

④ 공기 중에 질소가 가장 많아 질소를 공기라고 부릅니다.

수소는 친환경 자동차의 에너지로 사용되며, 사용 후 결과물이 수증기뿐이므로 환경에 미치는 영향이 적어요. 그러므로 ③번이 올바른 추론이에요. ①번은, 오히려 산소는 불을 잘 타게 하는 역할을 하는 기체이므로 잘못된 추론이에요. ②번은, 이산화탄소가 함유된 탄산음료를 적당하게 마시면 건강에 해롭지 않으므로 잘못된 추론이에요. ④번은, 질소가 공기 중에서 가장 많은 기체이지만, '질소를 공기라고 부른다'라는 표현은 부적절하며 혼동을 줄 수 있으므로 잘못된 추론이에요.

이어 **생각하기**

산소의 쓰임새에 포함되지 않는 내용에 밑줄 치세요.

하수 및 폐수를 처리할 때 수질을 개선하는 데 쓰인다.

양식장에서 물에 용존 산소를 공급하는 용도로 쓰인다.

전기 자동차 화재 등의 소화제로 쓰인다.

## 기후 변화

사회

기후 변화로 인해 기온이 높아지면서, 극지방의 빙하가 녹아 해수면이 상승하고 있다. 해수면 상승은 저지대 지역의 침수를 초래하며, 수백만 명의 사람들은 집을 잃고 이주하게 될 위험에 처한다. 또한, 해안 생태계인 습지와 맹그로브 숲이 파괴되어 생물 다양성이 감소하고, 자연재해에 대한 저항력이 약해진다. 기온 상승은 폭염, 가뭄을 증가시켜 농작물 생산에 악영향을 미치며, 이는 식량 불안정을 초래한다. 또한, 해양 생태계의 산호초 백화 현상과 같은 문제를 심화시켜 해조류의 서식처를 위협한다.

위의 글을 읽고 알맞게 추론한 문장을 고르세요.

① 온도가 높아지면 식물이 잘 자랍니다.

② 태풍이 가장 위험한 자연재해입니다.

③ 해수면이 상승하면 땅의 면적이 줄어듭니다.

④ 기후 변화는 해양 식물에 영향을 미치지 않습니다.

해수면 상승으로 인해 침수되는 지역이 발생하면 실제로 땅의 면적이 줄어들게 되므로 ③번이 올바른 추론이에요. ①번은, 글에서는 기온 상승이 농작물 생산에 악영향을 미친다고 언급하고 있으므로, 온도가 높아지면 식물이 잘 자란다는 내용은 잘못된 추론이에요. ②번은, 글에서 직접적으로 언급하지 않았으며, 태풍이 가장 위험하다는 것은 글과 관련된 내용에서는 명확한 근거가 없으므로 잘못된 추론이에요. ④번은, 글에서는 기후 변화가 해양 생태계와 생물 다양성에 영향을 미친다는 내용을 포함하고 있기 때문에 잘못된 추론이에요.

이어 **생각하기**

지구 환경의 훼손을 줄이기 위해 우리가 당장 실천할 수 있을 것을 한 가지 쓰세요.

## 동래부사 강필리

국어

동래부사 강필리는 일본 대마도에서 고구마를 들여와 부산의 동래와 영도에 심었다. 그는 고구마 재배법을 알리기 위해 『감저보』라는 책도 썼다. 책 제목에 사용된 '감저'라는 낱말에서, 당시 조선 사람들이 고구마를 '감저'라고 불렀음을 알 수 있다. 이는 고구마와 감자의 생김새가 비슷했기 때문으로 보인다. 고구마를 영어로 '스위트포테이토(sweet potato)'라고 부르는 것과 비슷하다. 조선의 사신 조엄이 일본에 갔을 때 쓴 『해사일기』에는, '감저'를 일본에서는 '효자마' 또는 '고귀위마'라고 불렀다는 기록이 남아 있다.

위의 글을 읽고 알맞게 추론한 문장을 고르세요.

① 고구마의 처음 이름은 감저보였습니다.

② 감저는 한자어가 아닌 순우리말입니다.

③ 고구마는 일본에서 들여온 채소입니다.

④ 일본 사람들은 '감저'를 고구마라고 불렀습니다.

앞의 글에서 "일본 대마도에서 고구마를 들여와"라고 했으므로, 고구마가 일본에서 전래하였다는 추론은 타당하므로 ③번이 올바른 추론이에요. ①번은, '감저보'는 고구마 재배법을 소개한 책 제목이지, 고구마의 이름이 아니므로 잘못된 추론이에요. ②번은, 글에서는 '감저(甘藷)'가 나오는데, 감(甘)은 '달다'라는 뜻이고, 저(藷)는 '참마'를 가리키는 말이므로 잘못된 추론이에요. ④번은, 글 내용에 따르면, 일본 사람들은 '감저'를 '효자마', '고귀위마'라고 불렀으므로 잘못된 추론이에요.

이어 생각하기

□에 알맞은 낱말을 쓰세요.

흉년이 들어 기근이 심할 때 곡물 대신에 먹는 감자, 고구마, 메밀 등의 농작물을 □□ □□이라고 한다.

## 오동도

국어

오동도는 멀리서 보면 오동잎을 닮아 이름 붙여진 아름다운 섬이다. 섬 전체를 뒤덮은 3천여 그루의 동백나무 덕분에 '동백섬'으로도 불리며, 여수를 대표하는 관광 명소이다. 1월부터 피기 시작하는 동백꽃은 3월이면 만개하여 섬 전체를 붉게 물들인다. 여수해상케이블카 놀아 정류장에서 가까우며, 768m 길이의 방파제를 따라 걸으면 섬에 도착한다. 동백열차를 타거나 자전거를 타고 갈 수도 있다. 오동도는 한려해상 국립공원의 일부로, 자연을 가까이에서 느낄 수 있는 관광지이다.

위의 글을 읽고 알맞게 추론한 문장을 고르세요.

① 자동차를 타고 오동도에 갈 수 있습니다.

② 오동도에 들어가는 방법은 네 가지입니다.

③ 오동도는 국립공원에 속하는 관광지입니다.

④ 해상 케이블카에서 내리면 오동도에 바로 도착합니다.

앞의 글에 "오동도는 한려해상 국립공원의 일부로"라는 내용이 있어, 오동도가 국립공원에 속하는 관광지이므로 ③번이 올바른 추론이에요. ①번은, 글에는 자동차에 관한 정보가 없으며, "방파제를 따라 걸으면 섬에 도착한다."라고 되어 있어서 자동차로 섬까지 들어갈 수 없으므로 잘못된 추론이에요. ②번은, 글에서는 '걷기, 동백열차 타기, 자전거 타기' 세 가지 방법만 제시했으므로 잘못된 추론이에요. ④번은, 글에서 '해상 케이블카가 놀아 정류장에서 가깝다'라고만 했기 때문에, '바로 도착한다'라는 추론은 잘못된 추론이에요.

이어 **생각하기**

한려해상 국립공원에 포함되지 <u>않는</u> 지역에 ○표하세요.

남해군 남해 금산 (　　)

통영시 한산도 (　　)

고흥군 거금도 (　　)

거제도 해금강 (　　)

# 정다각형

수학

정다각형은 변의 길이가 같고 내각의 크기가 모두 같은 다각형을 말한다. 정사각형은 변의 길이와 각이 모두 같아 바둑판, 타일, 창문 등의 디자인에 자주 사용된다. 정삼각형은 안정적인 구조이므로 교량의 트러스 구조나 교통안전 표지판으로 쓰인다. 정육각형은 벌집 모양처럼 공간을 효율적으로 활용하려는 구조물과 디자인에 사용된다. 정다각형 무늬는 장식적인 패턴으로 카펫, 건물의 바닥 모자이크, 벽지에 자주 쓰인다. 정팔각형은 회전 대칭성이 있어 정지 표지판과 같은 교통 표지판에서 사용된다.

위의 글을 읽고 알맞게 추론한 문장을 고르세요.

① 정다각형의 모양을 설명한 글입니다.

② 정다각형의 짜임을 설명한 글입니다.

③ 정다각형의 대칭성을 설명한 글입니다.

④ 정다각형의 쓰임새를 설명한 글입니다.

앞의 글에서는 정사각형, 정삼각형, 정육각형, 정팔각형과 같은 다양한 정다각형의 특징과 그것들이 실제로 어떻게 사용되는지를 설명하고 있어요. 각각의 정다각형이 특정 용도나 디자인에 어떤 예로 활용되는지를 언급하고 있어 쓰임새에 대한 설명이 주된 내용이므로 ④번이 알맞은 추론이에요. ①번은, 정다각형의 모양 자체에 대한 설명보다는 쓰임새에 중점을 두고 있으므로 잘못된 추론이에요. ②번은, 정다각형의 구조적 특성보다는 이들이 사용되는 예에 대한 설명이 많으므로 잘못된 추론이에요. ③번은, 정다각형의 대칭성에 대한 설명이 없으므로 잘못된 추론이에요.

이어 **생각하기**

다음 다각형의 '내각의 합'을 (      )에 쓰세요.

삼각형: (            )°

사각형: (            )°

육각형: (            )°

팔각형: (            )°

## 꺾은선그래프

수학

꺾은선그래프와 막대그래프는 자료를 시각적으로 표현하는 데 사용된다. 꺾은선그래프는 주로 시간에 따라 연속적으로 변화하는 양을 표시하며, 가로축은 시간을, 세로축은 자룟값을 나타낸다. 꺾은선그래프는 이러한 축을 바꿔서 표시할 수 없으며, 변화를 보여주는 데 효과적이다. 반면, 막대그래프는 값의 분포를 나타내며, 각 막대의 높이는 자룟값을 나타낸다. 막대그래프는 가로축과 세로축을 바꾸어 표시할 수 있으며, 각 축은 자료의 범주와 자룟값을 나타낸다.

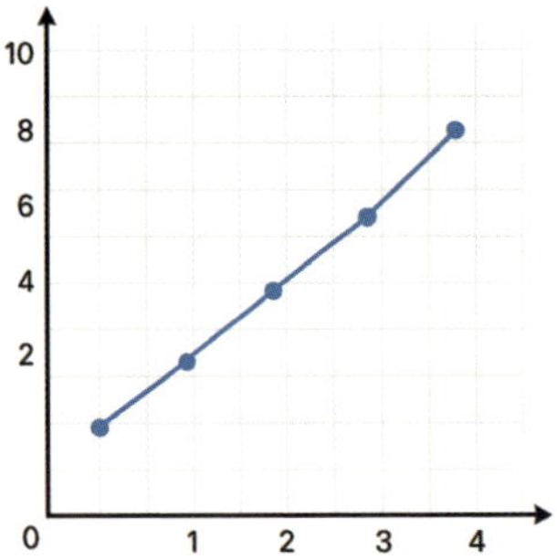


위의 글을 읽고 알맞게 추론한 문장을 고르세요.

① 꺾은선그래프는 축을 쉽게 변경할 수 있습니다.

② 꺾은선그래프는 값의 변화가 두드러지지 않습니다.

③ 꺾은선그래프는 시간에 따른 변화를 잘 드러냅니다.

④ 꺾은선그래프는 자룟값이 흩어져 있습니다.

앞의 글에 쓰여 있듯이, 꺾은선그래프는 주로 시간에 따라 연속적으로 변화하는 양을 표현하는 데 매우 효과적이에요. 가로축에 시간을, 세로축에 자룟값을 나타내어, 시간에 따른 변화를 한눈에 이해할 수 있게 도와줘요. 그러므로 ③번이 올바른 추론이에요. ①번은, "꺾은선그래프는 축을 바꿔서 표시할 수 없다."라고 설명하였으므로 잘못된 추론이에요. ②번은, 꺾은선그래프는 변화의 흐름을 명확히 드러내는 그래프이므로 잘못된 추론이에요. ④번은, 꺾은선그래프는 연속적으로 변화하는 양을 표현하여, 자룟값이 선으로 연결되어 있기 때문에, 흩어져 있다고 보기 어려우므로 잘못된 추론이에요.

이어 **생각하기**

각 항목의 비율을 한눈에 파악하게 해 주는 그래프에 모두 ○ 표하세요.

꺾은선그래프 (　　)

막대그래프 (　　)

원그래프 (　　)

띠그래프 (　　)

# 이어 생각하기 답 예시

**15쪽**

농부

**17쪽**

아래쪽

**19쪽**

(500)원짜리 동전 (200)개

**21쪽**

비커

눈금실린더

**23쪽**

그릇을 크게 만들 수 있기 때문이다.

**25쪽**

지도에서의 거리와 지표에서의 실제 거리와의 비율을 (축척), 또는 '줄인자'라고 부른다. (축척) 막대자는 축척을 쉽게 이용하게 한다.

**27쪽**

약 (131400000)명이 태어나는 셈이다.

**29쪽**

시소

**31쪽**

(그린 카본)

**33쪽**

등고선은 복잡한 지형을 효과적으로 축적해 준다.

**35쪽**

(초식) 동물은 시야각이 넓은 편이고, (육식) 동물은 시야각이 좁은 편이다. (초식) 동물은 주변을 넓게 봐야 빨리 도망칠 수 있고, (육식) 동물은 정면을 정확히 보고 사냥해야 하기 때문이다.

**37쪽**

산간 지역

**39쪽**

국가유산청

**41쪽**

강릉시는 태백산맥이 차가운 북서풍을 막아주기 때문이다.

43쪽

마름모꼴

45쪽

메아리

47쪽

식물, 나무, 참나무, 떡갈나무

49쪽

간척 사업

51쪽

842÷21을 풀 때는 곱셈 식 (20×40=800)을 먼저 생각할 수 있으며, 719÷80을 풀 때는 곱셈 식 (80×8=640)을 먼저 생각해 볼 수 있다.

53쪽

(현무암)은 제주도처럼 화산이 있는 지역에서 쉽게 볼 수 있고, (화강암)은 산이나 건물 벽, 산소 주변에서 많이 볼 수 있다.

55쪽

작성자
출처

57쪽

백화점
대형 종합병원

59쪽

글자 (롬)이 된다.

61쪽

민들레 (○)

63쪽

형은 선물 받은 시계를 차고 멋을 부리며 외출했다. 나는 운동장에서 재주를 부리며 친구에게 받은 축구공을 차고 놀았다.

65쪽

파발마
봉화

67쪽

학생 수
명

69쪽

접시저울 (○)

71쪽

글의 주제 (○)

73쪽

(백제)

75쪽

(444444444)

77쪽

지구의 북극이 S극이어서 나침반의 N극을 끌어당기는 것이며, 반대로 지구의 남극은 N극이어서 나침반의 S극을 끌어당기는 것이다.

79쪽

쇳가루가 막대자석의 양쪽 끝부분에 가장 많이 달라붙는다.

81쪽

후각 (○)

83쪽

피시방에서 게임을 하는 활동 (소비)
과수원에서 사과 농사를 짓는 활동 (생산)
태권도 체육관에서 태권도 교습을 받는 활동 (소비)
미용실에서 손님의 머리를 손질해 주는 활동 (생산)

85쪽

융해: 고체가 액체로 변하는 현상.
기화: 액체가 기체로 변하는 현상.
액화: 기체가 액체로 변하는 현상.
응고: 액체가 고체로 변하는 현상.
승화: 고체가 기체로 변하는 현상.

87쪽

약과 (○)
강정 (○)
한과 (○)

89쪽

약 10% 증가한다. (○)

91쪽

해충을 잡아먹는 익충이다.

93쪽

법

95쪽

모든 정삼각형은 이등변삼각형이다.
정삼각형의 세 내각은 모두 같다.

97쪽

이슬

99쪽

가게 주인으로서는 종업원의 인건비를 절감할 수 있다.
비대면 주문으로 감염병 예방에 효과적이다.

101쪽

마을 축제 프로그램 기획 및 운영
청소년 탈선 예방 및 단속 활동
지역 골목 정원 만들기 활동

103쪽

$(\frac{14}{7})$ $(\frac{20}{7})$

105쪽

약 (109)배 크다.

107쪽

「서유기」 (○)

109쪽

공청회

111쪽

$6\frac{3}{3}-\frac{2}{3}$, $6\frac{1}{3}$

113쪽

균류

115쪽

스마트폰을 진동 모드로 설정한다.

117쪽

공산성은 (백제) 시대에는 '웅진성'이라고 불렸고, (고려) 시대 이후에는 '공산성'이라고 불렸다. (조선) 시대 인조 이후에는 느티나무와 밀채나무가 있는 '쌍수산성'이라고 불렸다.

119쪽

오름은 제주도에 약 100개가 분포되어 있다.

121쪽

코뿔소 (○)

123쪽

수도꼭지는 (나이아가라 폭포)
교문은 (에베레스트산)

125쪽

다목적 댐 (인문)
비버가 만든 댐 (자연)
태양열 (자연)
태양열 발전 (인문)
전등 (인문)

127쪽

'해'는 (점사분음표)이다.

129쪽

땅귀개 (○)
통발 (○)

131쪽

티끌 모아 태산

133쪽

지구의 대기를 오염시킨다.
지구의 수질과 토양을 오염시킨다.

135쪽

직사각형

137쪽

(개구리)의 개체 수는 줄어들고, (뱀)의 개체 수는 늘어날 것이다.

139쪽

말이란 아 해 다르고 어 해 다르다.

141쪽

그린벨트

143쪽

(마름모) (정사각형)

145쪽

먹이 그물

147쪽

세계 5대 연안습지 중 하나인 순천만에는 국가 정원이 있다.

149쪽

(0.001)km

(1512)m

151쪽

열기구는 가열한 공기의 부피가 증가하여 떠오른다.

153쪽

전기 자동차 화재 등의 소화제로 쓰인다.

155쪽

가까운 거리는 걷기, 사용하지 않는 전기 제품 플러그 뽑기, 스마트폰 사용 시간 줄이기, 친환경 포장 사용하기, 음식물 쓰레기 줄이기, 대중교통이나 자전거를 이용하기 등

157쪽

구황 작물

159쪽

고흥군 거금도 (○)

161쪽

삼각형: (180)°

사각형: (360)°

육각형: (720)°

팔각형: (1080)°

163쪽

원그래프 (○)

띠그래프 (○)